Dietrich Koller • Andreas Ebert
Verborgene Jesusworte

Dietrich Koller • Andreas Ebert

Verborgene Jesusworte

Meditationen zum Thomasevangelium

Vier-Türme-Verlag

Bibliographische Information der Deutschen Nationalbibliothek
Die Deutsche Nationalbibliothek verzeichnet diese Publikation in der Deutschen Nationalbibliographie. Detaillierte bibliographische Daten sind im Internet über http://dnb.d-nb.de abrufbar.

Die vorliegenden Meditationen zum Thomasevangelium, die Dietrich Koller bereits 2008 im Kreuz Verlag veröffentlichte, haben seither nichts von ihrer Aktualität verloren. Sie sind es wert, weiterhin für interessierte Leser verfügbar zu sein. Andreas Ebert danken wir für die Neuübersetzung des Textes des Thomasevangeliums, die dieser Ausgabe zugrundeliegt.

1. Auflage 2013
© Vier-Türme GmbH, Verlag, Münsterschwarzach 2013
Alle Rechte vorbehalten

Lektorat: Sr. Renate Hübsch CCR
Umschlagmotiv: Eky Chan / Fotolia.com
Druck und Bindung: Friedrich Pustet KG, Regensburg
ISBN 978-3-89680-829-5

www.vier-tuerme-verlag.de

INHALT

Vorwort 6

ERSTER TEIL
Das Thomasevangelium –
sein Schicksal, seine Gestalt und sein Gehalt 9

I. Das Schicksal und die Gestalt des Thomasevangeliums 10

Eine spannende Geschichte von Verbergung und Entdeckung 10
Eine heikle Geschichte vom neutestamentlichen Bücherkanon 15
Eine ungewohnte Evangeliumsgestalt 19

II. Die Botschaft und der Gehalt des Thomasevangeliums 25

Reich Gottes und Welt in der Einswerdung – eine Mystik der Wirklichkeit 25
Gott und Mensch in der Einswerdung – eine Lichtmystik 29
Jesus und Jünger in der Einswerdung – eine Nachfolgemystik 34
Glaube und Gnosis in der Einswerdung – eine Mystik des Heilsweges 40

ZWEITER TEIL
Betrachtungen der 114 Jesusworte
des Thomasevangeliums 47

Literaturverzeichnis 247

Vorwort

Mehr als achtzehn Jahrhunderte war es verschollen, nun aber ist es aus dem Wüstensand wieder aufgetaucht: das Thomasevangelium. Sich diesem Evangelium zu nähern heißt, sich dem historisch nicht mehr fassbaren, aber geschichtlich »lebendigen« Jesus zu nähern. Und wer sich diesem spirituellen Meister nähert, ist (laut seinem Selbstzeugnis) »dem Feuer nahe«, dem unauslöschlichen und alle Gegensätze einschmelzenden Feuer eines »Königreiches«, das für die gestaltenden Mächte der Welt höchst gefährlich ist – ganz innen und ganz außen.

Als ich mich erstmals mit dem Thomasevangelium vertraut gemacht habe, kam es mir vor, als sei da ein neuer Jesus aus einem alten Grab in der ägyptischen Erde auferstanden. Ich verzichtete zunächst auf eine fachlich-sachliche Beschäftigung und näherte mich Schritt für Schritt und Tag für Tag jedem der 114 Spruchworte, zusammen mit meiner Frau in unserer morgendlichen Meditationszeit, mehr mit dem Geistherzen als mit dem Verstand. Manche Worte waren mir aus den biblischen Evangelien bekannt, manche total unverständlich, manche aber überraschend erhellend.

Wie von selbst geriet ich in eine innere Korrespondenz mit diesem Jesus aus der Überlieferung des Thomasevangeliums. Die dialogischen Vorgänge in der Betrachtungsarbeit habe ich dann am Abend schriftlich gestaltet und schließlich eine thematische Überschrift gesucht. Kein Gedanke, ein Buch zu schreiben!

Im nächsten Jahr besorgte ich mir mehr Literatur zum Thomasevangelium und näherte mich den Texten historisch, exegetisch und theologisch. Das Ergebnis davon ist der zweite Teil dieses Buches.

Es war dann ein ergreifender Moment, als ich im Januar 2008 das blitzneue Koptische Museum in Kairo besuchte und im ersten Stock unversehens vor der ersten Seite des Thomasevangeliums von Nag Hammadi stand.

Man könnte vom Thomasevangelium dasselbe sagen, was Jesus vom »Königreich des Vaters« sagte: Es gleicht einem Schatz, der Generationen lang in einem Ackerfeld vergraben war, bis ein neuer Käufer kam und beim Ackern auf den Schatz stieß. »Und er begann Geld zu geben gegen Zins, welchem er wollte.« (Log 109) Die Zeit ist jetzt da, wo das Thomasevangelium Zinsen trägt. Seine uralte Botschaft kommt wie gerufen für unsere Zeit der spirituellen Suchbewegungen. Ein Fund wie gerufen für christliche Zeitgenossen, denen die kirchliche Erlösungslehre nicht mehr verständlich ist.

Unter die zahlreichen Veröffentlichungen, die es zum Thomasevangelium bereits gibt, stelle ich dieses Buch mit einem speziellen Interesse: Ich möchte eine Brücke über den tiefen Graben zwischen kirchlicher Rechtgläubigkeit und esoterischer Spiritualität finden. Es muss ein Schwellenbereich vorhanden sein, wo die Übergänge wieder so fließend werden, wie sie es vor der Entstehung des biblischen Bücherkanons waren.

Ich begebe mich damit natürlich in die Gefahr, Kritik von beiden Seiten zu erfahren: von den mehr historisch denkenden Kirchenchristen einerseits, von den mehr kosmisch denkenden Esoterikern andererseits.

Ich widme dieses Buch meiner Frau Maria Lucia, mit der ich seit vielen Jahren zur morgendlichen Meditation auf dem Teppich vor einer altrussischen Pantokratorikone sitze.

Dietrich Koller
Erfurt, am Palmsonntag 2008

Zur deutschen Wiedergabe der Logien des Thomasevangeliums in dieser Ausgabe

Den Betrachtungen des Autors zu den Logien des Thomasevangeliums lag ein deutscher Text zugrunde, der auf einer von Erik van Ruysbeck bearbeiteten niederländischen Vorlage beruht und der wissenschaftlichen Zuverlässigkeit der Übersetzungen von Klaus Berger oder Reinhard Nordsieck entspricht. Für die vorliegende Neuausgabe hat dankenswerterweise Andreas Ebert eine Neuübersetzung des Thomasevangeliums zur Verfügung gestellt.

Die vom Autor an mehrdeutigen Stellen mitangegebenen Varianten aus den Übersetzungen von Klaus Berger (B), Konrad Dietzfelbinger (D) oder Reinhard Nordsieck (N) wurden übernommen. Wo die Textbetrachtung sich ausdrücklich auf eine Formulierung aus der Übertragung von van Ruysbeck/Messing bezieht, ist diese ebenfalls als Variante angegeben (R). Genauere und weitere Literaturangaben sind im Anhang zu finden.

Erster Teil

Das Thomasevangelium –
sein Schicksal, seine Gestalt
und sein Gehalt

I. Das Schicksal und die Gestalt des Thomasevangeliums

Eine spannende Geschichte von Verbergung und Entdeckung

Es war im Dezember 1945. Der Zweite Weltkrieg war zu Ende. Europa saß auf seinen Trümmern und suchte eine neue Zukunft. Da tauchte aus der Tiefe der Geschichte, aus dem orientalischen Wurzelgrund des Christentums der zukunftsträchtige Schatz des Thomasevangeliums auf. Aber erst nach einem halben Jahrhundert eines globalen Materialismus und Ökonomismus, einer Zeit der Religionsvergessenheit oder Verkirchlichung von Religion, in einer Zeit des religiösen Fundamentalismus oder der beliebigen neureligiösen Esoterik kommt uns wie gerufen der Schatz aus den Dunkelkammern der Wissenschaftler ins größere Licht der Öffentlichkeit. Jetzt ist die Zeit da, wo wir bedürftig und bereit sind für eine neue Art von Evangelium, für eine uralte Heilsbotschaft. Hätte sich das jener koptische Mönch, der die Bücher seines Klosters vielleicht mit Tränen in den Augen und Gebeten auf den Lippen vor etwa 1650 Jahren vergraben hat, träumen lassen?

In Chenoboskion, nahe des ägyptischen Ortes Nag Hammadi, 60 Kilometer nördlich von Luxor, reitet der Bauer Mohammed Ali Samman mit sechs seiner Beduinenbrüder auf Kamelen zu den Jabal-al-arif-Felsen. Sie wollen dort nach natürlichem Dünger suchen, nach der fruchtbaren rötlichen Erde *Sabakh*. Beim Graben stoßen sie auf ein Grab, darin ein Skelett, neben ihm ein großer verschlossener Tonkrug. Sie überwinden die Furcht, es könnte sich ein böser Geist des Toten in dem Krug befinden. In der Hoffnung auf einen Goldschatz zerschlagen sie das versiegelte, einen Meter hohe Gefäß und finden

»nur« 13 in Leder gebundene Papyrusbücher, sogenannte *Codices*. (Übrigens die bisher ältesten Bücher der Menschheit – vorher gab es nur Schrifttafeln oder Schriftrollen.) Die Bücher werden zu Hause als Brennmaterial auf einen Strohhaufen geworfen. Mohammeds Mutter nimmt einige Seiten zum Feuermachen.

Ganz geheuer ist Mohammed der Fund jedoch nicht. Und weil er zudem eine polizeiliche Hausdurchsuchung befürchtet, da er kurz zuvor einen Rachemord am Mörder seines Vaters begangen hat, vertraut er die Bücher dem koptischen Priester Al-Qummus Basiliyus an. Von da gelangen sie in die Hände des Geschichtslehrers Raghib, von da auf die verschlungenen Wege der Behörden, Antiquitätenhändler, Schmuggler und Mitarbeiter des Koptischen Museums Kairo.

In diesem Museum befinden sich jetzt die Sammelcodices I bis XIII, insgesamt 52 Manuskripte religiösen und philosophischen Inhalts in koptischer Sprache. Koptisch ist eine ab dem 2. Jahrhundert entstandene Sprache der christlichen Nachfahren der alten Ägypter. (Die Araber sagten zu den unterworfenen Ägyptern *Gybs*. Daraus wurde *Kopt*[*en*].) Außer dem für uns wichtigsten Buch, dem Thomasevangelium (Nr. 7), enthielt der große Krug Texte wie das »Evangelium der Wahrheit« (Nr. 3), das »Buch des Thomas« (Nr. 12), die »Sophia Jesu Christi« (Nr. 16), die »Apokalypse des Adam« (Nr. 24), die »Apokalypse des Petrus« (Nr. 35), die zwei Apokalypsen des Jakobus (Nr. 21 und 22), aber auch Platos Schrift über den Staat (Nr. 29) – um nur einige von den 52 Schriften zu nennen.

Erst nach zehn Jahren wird durch den niederländischen Religionswissenschaftler Gilles Quispel die Bedeutung des Fundes erkannt. In seinem Hotelzimmer in Kairo entziffert er im Frühjahr 1955 die siebte Handschrift in Codex II, 114 Sprüche mit griechischen Buchstaben im sahidischen Dialekt der koptischen Sprache geschrieben, und liest in höchster Überraschung: »Dies sind die geheimen Worte, die Jesus der Lebendige sprach und die Didymus Judas Thomas aufgeschrieben hat.«

Die Existenz eines Thomasevangeliums war längst bekannt. Die Kirchenväter Hippolyt (um 230), Origines (um 233), Eusebius (gest. 339) und Hieronymus (um 400) zitierten und bekämpften es, weil sie meinten, es enthalte gnostische Irrlehren. Es lag ihnen in griechischer Sprache vor und zirkulierte offenbar in zwei Fassungen: einer mehr kirchlich-orthodoxen und einer mehr gnostisch-häretischen. Außerdem entdeckte man 1897 sowie 1903 in Oxyrhynchos, einer Stadt in Mittelägypten, erstmals einige Fragmente des griechischen Thomasevangeliums (die Logien 1–7, 26–33, 36–39). Das bisher bekannte und doch unbekannte, verloren geglaubte Thomasevangelium war nunmehr mit dem Jahr 1945 vollständig ans Licht gekommen, wenn auch nicht in seiner griechischen (geschweige denn aramäischen) Originalsprache, sondern in einer koptischen Übersetzung.

Die Bücher sind ein Teil (oder der Gesamtbestand?) einer koptischen theologisch-philosophischen Bücherei eines christlichen Klosters, das sich seiner christlich-gnostischen Literatur entledigt hatte. Die Bücher stammen ihrem sprachlichen und archäologischen Charakter nach aus der Zeit um 350. »Beerdigt« wurden sie offenbar um die Mitte des 4. Jahrhunderts.

Aus welchen Gründen? Krieg oder Verfolgung? Die Schriftrollen von Qumran, 1947 von einem beduinischen Ziegenhirten am Toten Meer entdeckt, wurden wegen des Herannahens der römischen Armee im jüdisch-römischen Krieg (68 n. Chr.) von jüdischen Ordensgemeinschaften versteckt.

Anders die frühchristlich-gnostischen Bücher von Nag Hammadi: In einer Glaubensverfolgung durch die »rechtgläubige« Kirche versteckten die gnostischen Christen ihren Bücherschatz. Offenbar war die ganze ägyptische Kirche im 2. Jahrhundert »falschgläubig« (häretisch), nämlich gnostisch orientiert. Darum schweigen sich alle Quellen, besonders auch der erste Kirchengeschichtsschreiber Eusebius, über die blühende ägyptische Kirche vielsagend aus.

Vermutlich geschah Folgendes: Kaiser Konstantin begünstigte ab 313 die christliche Kirche von Staats wegen, soweit sie katholischorthodox und nicht arianisch oder gnostisch war. Er ließ seinen oströmischen Kollegen Licinius ermorden und wurde im Jahre 325 Alleinherrscher. Daraufhin benutzte er die Kirche als Einheitsband für sein kulturell stark gemischtes Großimperium und berief noch im selben Jahr ein erstes Ökumenisches Konzil in seine kleinasiatische Residenz Nicäa. Dort wurde der Sieg der katholischen (allgemeinen), orthodoxen (rechtgläubigen) Kirche theologisch und später auch politisch besiegelt.

Ab 325 bestand damit eine erhöhte Gefahr nicht nur für den arianischen Zweig der Kirche (Christus ist Gott ähnlich, aber nicht Gott gleich), sondern auch für alle anderen frühchristlichen Strömungen wie die charismatische Prophetie oder die gnostische Mystik. Offensichtlich wurde allmählich auch in der römischen Provinz Ägypten der politische und theologische Druck so groß, dass manches koptische Kloster sich nun seiner esoterischen Bibliothek entledigte. Jedenfalls hatte Athanasius, der große orthodoxe Bischof des ägyptischen Alexandrien und Konzilsvater von Nicäa, in einem Hirtenbrief zum Osterfest des Jahres 367 angeordnet, dass die christlichen Gemeinschaften alle Apokryphen, die nicht apostolischen Ursprungs waren, zu vernichten hätten.

Die etwa 800 Texte aus Qumran (1947 und 1956 aus elf Höhlen geborgen) vertiefen und bereichern unser Wissen vom antiken *Judentum* zur Zeit Jesu auf überraschende Weise. Eine Vielfalt von Gruppen, Gemeinschaften, Sekten und Spiritualitäten ist sichtbar und lesbar geworden. Es zeigt sich: Die Entstehung des Christentums ist ganz eingebettet in dieses fruchtbare Feld der jüdischen Religion.

Ganz anders der Fund von Nag Hammadi (1945, 52 Texte): Er vertieft und bereichert unsere Kenntnis des frühen *Christentums*, und zwar auf ebenso unvermutete Weise. Eine spirituelle Vielfalt von Gruppen und Gemeinden mit ihrer reichen Evangelienliteratur ist sichtbar und lesbar geworden. Wir finden fließende Übergänge zwischen christlich-katholischer und christlich-gnostischer Spiritualität.

Über die Entstehungszeit des Thomasevangeliums lassen sich – wie auch bei den biblischen Evangelien – nur Vermutungen anstellen. In jüngster Zeit neigt die Mehrheit der Forscher zu einer sehr frühen Datierung, nämlich nicht ins 2., sondern schon ins 1. Jahrhundert. Klaus Berger setzt es zum Beispiel etwa gleichzeitig mit dem Matthäusevangelium zwischen 70 und 80 n. Chr. an und hält, wie die meisten Forscher, viele der Sprüche für echt jesuanisch.

Berger begründet seine Datierung wie folgt: *Erstens* muss man kaum eines der 114 Logien gnostisch deuten. Es deutet ja auch niemand das Jesuswort in Mt 11,25ff gnostisch, wenn es im sogenannten »Heilandsruf« heißt: »Niemand kennt den Sohn als nur der Vater, und niemand kennt den Vater als nur der Sohn und wem es der Sohn offenbaren will.« Verborgenheit und Offenbarung des Heilands/Erlösers und seine Einladung an die mühseligen, entfremdeten Seelen zur »erquickenden« Erkenntnis des Vaters, kurz zur »Gnosis« – das ist ja eine apostolische, nicht nur gnostische Aussage.

»Thomas« ist *zweitens* eine oft nur stichwortartig angeordnete Sammlung von Jesussprüchen, die ursprünglich mündlich in der aramäischen Muttersprache Jesu tradiert und dann schriftlich in die damalige Weltsprache Griechisch und von dort ins Koptische übersetzt wurde. Somit ist »Thomas« die Urform einer Spruchsammlung ohne Erzählungen über Jesu Tun und Leiden. Erst Markus hat das erste Erzählevangelium geschrieben. Es ist hinzuzufügen, dass uns etwa drei Viertel der Jesusworte in »Thomas« von den drei synoptischen Evangelien her bekannt sind. Allerdings bietet er die Logien in einer von diesen Evangelien unabhängigen Fassung. Oft liegt sogar eine ursprünglichere, von späteren Zusätzen freie Urform vor, wie Reinhard Nordsieck überzeugend nachweist.

Logion 12 beschreibt *drittens* die Autorität des Herrenbruders Jakobus als in der Urgemeinde noch in Kraft stehend. Das lässt vermuten, dass Jakobus zur Zeit der Entstehung der Spruchsammlung noch lebt. Dies würde uns in die Zeit vor das Jahr 70 führen, als der jüdisch-römische Krieg begann und die Urgemeinde von Jerusalem ins Ostjordanland nach Pella auswanderte, wo sich ihre Spur verliert.

Daraus folgt: Wenn »Thomas« hellenistisch-gnostisch interpretiert wird (so der liberale Gerd Lüdemann oder der evangelikale Michael Green), dann gehört es der zweiten Hälfte des 2. Jahrhunderts an. Wenn es palästinensisch-judenchristlich gelesen wird (so Nordsieck), dann ist es im selben Zeitraum geschrieben worden wie die biblischen Evangelien. Es ist jedenfalls jünger als der zweite Petrusbrief, die beiden Timotheusbriefe oder der Judasbrief. Darum erhebt sich hier für den nächsten Abschnitt die Frage nach der Entstehung des biblischen Bücherkanons.

Eine heikle Geschichte vom neutestamentlichen Bücherkanon

Warum ist »Thomas« nicht in den biblischen Bücherbestand aufgenommen worden?

Erstens: Weil es keine Geburts-, Wunder-, Passions- und Ostergeschichten bietet.

Zweitens: Weil zur Zeit der Kanonbildung (ab Mitte des 2. Jahrhunderts) die christliche Gnosis als eine Verfälschung der orthodoxen Christusbotschaft, ja als eine innere Bedrohung der katholischen Kirche empfunden wurde und alles, was irgendwie nach Gnosis zu riechen schien, abgelehnt wurde.

Drittens: Weil die Logien 1, 13 und 14 eine Vorzugsstellung des Apostels Thomas vor Petrus andeuten und weil »Thomas« im Unterschied zu »Johannes« nicht ein gehorsames »Glauben«, sondern ein inneres »Sehen« als Thema der Nachfolge Jesu hervorhebt. Wir kennen ja auch die Konkurrenz zwischen Johannes und Petrus (Joh 20,3ff und 21,15ff) und den berühmten Streit zwischen Paulus und Petrus (Gal 2) sowie die theologische Kritik des Jakobusbriefes an Paulus. Die Urchristenheit hatte kein Einheitsgesicht, sondern war eine lebendige, streitfähige Ökumene.

Viertens: Weil bei »Thomas« mindestens eine der drei Bedingungen fehlte, die die Kirchenväter im Verlauf der jahrzehntelangen antignostischen Kanonbildung an die Aufnahme eines Textes in den Kanon stellten:

a) Ist ein Buch »apostolisch« (besitzt es eine historische Bezeichnung für Herkunft aus der Apostelzeit)?
b) Ist ein Buch »katholisch« (besitzt es eine geografische Bezeichnung für Schriften, die am meisten und weitesten verbreitet waren)? »Katholisch ist, was immer, was überall und was von den meisten geglaubt wird«, meint noch im 5. Jahrhundert der Mönch Vinzenz von Lerinum.
c) Ist ein Buch »orthodox« (besitzt es eine inhaltliche Bezeichnung für rechtgläubig im Sinne der Ökumenischen Konzilsbekenntnisse)?

Könnten wir uns heute »Thomas« als Buch im Neuen Testament vorstellen?

Heute würden wir dazu dreierlei sagen:

a) Dieses Evangelium widerspricht den verschiedenen Christusbildern und Christologien, die sich im Neuen Testament in ökumenischer Vielfalt finden, nicht, sondern es bestätigt und ergänzt sie.
b) Es ist nicht zu beweisen und nicht zu widerlegen, aber es ist denkbar, den Apostel Thomas oder einen seiner Schüler für den Sammler und Schreiber der 114 Logien zu halten.
c) Der durch höhere Fügung wieder aufgetauchte »Thomas« ist inzwischen weltweit bekannt und beliebt; er bereichert innerhalb und außerhalb der Kirche eine auf »Jesus den Lebendigen« bezogene Weisheitsspiritualität.

In Ravenna, im Mausoleum der Kaisertochter Galla Placidia aus dem 5. Jahrhundert, befindet sich auf einem Mosaikbild die Darstellung eines hochbeinigen Schränkchens mit geöffneten Türen. Im obersten

Fach liegen zwei Bücher, »Markus« und »Lukas«, im mittleren Fach »Matthäus« und »Johannes«. Das untere Fach ist einladend leer. Platz für »Thomas«? Schade, dass die Kirchenväter diesen ökumenischen Schatz der frühen Kirche zusammen mit allerhand philosophischen Erlösungslehren und fantastischen Apostelromanen verworfen haben.

Wer waren die wichtigsten Kirchenväter der Kanonbildung?

Irenäus, um 180 Bischof in Lyon, war der eifrigste der Antignostiker und Schüler des greisen Märtyrerbischofs Polykarp von Smyrna (eines Schülers des Johannes).
Tertullian, gest. 220, aus Karthago stammend, war der erste Theologe, der nicht griechisch, sondern lateinisch schrieb und als Erster den Begriff »Novum Testamentum« prägte. Er bezeichnete damit eine Sammlung von Büchern, die noch nicht die 27 heutigen Schriften enthielt.
Clemens von Alexandrien lehrte um 200 an der berühmten alexandrinischen Katechetenschule in Ägypten und war der hellenistisch-christlichen Gnosis nicht völlig abgeneigt.
Eusebius, seit ca. 313 Bischof von Caesarea, war der erste Kirchengeschichtsschreiber nach Lukas, allerdings im Interesse der Reichskirche. Kaiser Konstantin bestellte bei ihm für das Jahr 337 fünfzig Exemplare von sorgfältig kopierten »Einheitsbibeln«, um die Kircheneinheit als Untermauerung der politischen Reichseinheit zu sichern.
Athanasius (297–373) war der hochberühmte Bischof von Alexandrien und Hauptgegner des Arius. Er war der wichtigste Konzilsvater von Nicäa. Von seinem Hirtenbrief gegen die gnostischen Bücher zum Osterfest des Jahres 367 war schon auf Seite 13 die Rede. Mit diesem Brief gilt die Liste der 27 als apostolisch angesehenen Bücher bis heute als abgeschlossen.

Die Kirchenväter waren in der Bewertung der umlaufenden Bücher unterschiedlicher Meinung. Aber sie pflegten die wachsende Menge des christlichen Schrifttums in vier Gruppen einzuteilen:

a) Allgemein als apostolisch anerkannte Bücher (die vier Evangelien und 14 Paulusbriefe).
b) Umstrittene, aber von vielen Gemeinden benutzte Bücher (Jakobus-, Judas- und Zweiter Petrusbrief, Offenbarung des Johannes).
c) »Unechte« Bücher, die aber wenigstens keine eklatanten Irrlehren enthielten (Hirt des Hermas, Barnabasbrief, die Zwölf-Apostel-Lehre, genannt Didache).
d) Gnostische Bücher mit pseudoapostolischer Verfasserschaft oder häretischen Erlösungslehren (offenbar viele Evangelien und Apostelgeschichten, wie sie auch in Nag Hammadi gefunden wurden).

Die Kanonbildung war der seelsorgerlich begründete und geschichtlich erfolgreiche Versuch, einer Fülle von fantasierenden Theosophien kritisch zu begegnen. Im Vergleich mit der vom Staat ausgehenden Christenverfolgung, durch welche die rasche Ausbreitung des Christentums nur gefördert wurde, erschien den Kirchenvätern die innerkirchliche Bedrohung durch die hellenistische Religionsvermischung viel gefährlicher. Außerdem scheint ihnen noch der »marcionitische Schock« des Jahres 144 in den Gliedern gesteckt zu haben: Der Christ Marcion, ein reicher, gebildeter kleinasiatischer Schiffsreeder hatte nach seiner Exkommunikation eine »Reformkirche« gegründet, deren Gemeinden noch im 3. Jahrhundert vom Euphrat bis zur Rhône verbreitet waren. Er schuf eine »entjudaisierte« Bibel, in der es kein Erstes Testament mehr gab, weil der Gott der Juden ein stümperhafter Schöpfer und nicht der Vater Jesu Christi sei. Marcion duldete nur ein einziges Evangelium, nämlich das von Judaismen gereinigte Lukasevangelium, und nur zehn Paulusbriefe. Paradoxerweise war also ein gnostizierender Irrlehrer der Erfinder und erste Schöpfer eines geschlossenen Bücherkanons.

Übrigens hat die Alte Kirche außer der Kanonbildung noch zwei weitere, damals wohl notwendige Maßnahmen ergriffen, die sich im Verlauf der Geschichte aber einseitig fixierend ausgewirkt haben: Die Entscheidung für das monarchische Amt anstelle der Vielfalt der charismatischen Dienste und für das weströmische Glaubensbekenntnis anstelle einer Vielfalt von Christusbekenntnissen. Das Ergebnis war die frühkatholische Kirche, vor die auch Luthers Reformation nicht zurückgehen wollte.

Doch was brauchen wir in unseren Kirchen heute? Eine Rückbesinnung auf das Neue Testament in der Sicht der altkirchlichen Bekenntnisse, wie es das Jesusbuch von Joseph Ratzinger will (Dogmatik statt Liberalismus)? Oder eine Rückkehr zur Substanz der ursprünglichen Jesusbewegung (Spiritualität statt Institutionalismus, also zum Beispiel die Bergpredigt als Befreiungsbotschaft und als Lebensstil)? Oder mehr eine interreligiöse Grenzerweiterung (Mystik, gegen die Verfeindung der Religionen)? Oder gar alles zugleich – das eine tun und das andere nicht lassen? So oder so: Das Thomasevangelium ist in jedem Fall eine wichtige Hilfe dazu.

Eine ungewohnte Evangeliumsgestalt

»Dies sind die geheimen *Worte* ...«, so beginnt das Thomasevangelium im Prolog. Es handelt sich also um eine Sammlung von Aussprüchen, nicht von Taten oder Berichten über das Leiden Jesu. Das spontane Wort eines spirituellen Lehrers nennt man ein »Logion«. Etwa drei Viertel der Logien Jesu im Thomasevangelium sind Parallelen zu Jesusworten in den vier kanonischen Evangelien, bisweilen bieten sie sogar eine ursprünglichere Fassung ohne die dortigen späteren Erweiterungen. Etwa ein Viertel der Logien sind neu und neuartig, im Kern aber typisch jesuanisch. Mehrere Logien haben eine mystische, paradoxe Fassung bekommen.

Aber warum fehlen Heilungs- und Wunderberichte, Passions- und Ostererzählungen?

Hierfür sind drei Antwortmöglichkeiten denkbar: Entweder setzt »Thomas« die vier neutestamentlichen Erzählungen als bekannt voraus, oder diese sind ihm als zeitlich spätere und geografisch ferne

Texte noch unbekannt, oder aber für ihn liegt der Offenbarungs- und Erlösungscharakter Jesu vor allem in seiner Botschaft, nicht so sehr in seiner Biografie.

Im letzten Fall will er keine Frohbotschaft *über* Jesus vermitteln, sondern die Frohbotschaft *des* Jesus. Vielleicht aber sammelte »Thomas« nur Aussprüche, weil man sich diese nicht so leicht merken konnte wie die geläufigeren Erzählungen.

Übrigens: Der Forschung ist der sehr frühe Gattungstyp eines Spruchevangeliums schon lange bekannt: Die sogenannte Logienquelle »Q«, deren Verfasser unbekannt blieb und die verloren gegangen ist, aber den Autoren »Matthäus« und »Lukas« identisch vorgelegen haben muss. »Markus« hat sie nicht gekannt, darum kennt er beispielsweise auch keine Bergpredigt Jesu. Das Q-Evangelium lässt sich also rekonstruieren aus den Logien, die Matthäus und Lukas gemeinsam haben. »Q« gilt als »das Produkt der juden-christlichen Jesusbewegung, die in Galiläa und Syrien jahrelang die Botschaft Jesu weiter verkündigte« (Robinson, S. 39). »Q« dürfte im westsyrischen Raum entstanden sein, »Thomas« im ostsyrischen. »Markus« schrieb für den weströmischen Bereich und war der erste, der die Verkündigung Jesu mit einer nach den Leidenspsalmen gestalteten Passionserzählung kombiniert hat, wohl ahnend, dass er eine neue Literaturgattung geschaffen hatte.

Der Prolog bezeichnet die Logien Jesu als *»geheime«* Worte. Verrät dieses Eigenschaftswort die typische, elitäre, hermetisch verbergende Geheimniskrämerei der Gnostiker? Davon ist bei »Thomas« keine Rede. Jesus redet hier zwar nicht öffentlich zur Volksmenge, aber offen zum offenen Schülerkreis. Das ist in etwa vergleichbar mit den johannäischen Abschiedsreden Jesu im Abendmahls-Saal. Zudem beauftragt Jesus auch bei »Thomas« seine Jünger, das, was sie von ihm hörten, öffentlich »von den Hausdächern« zu verkünden (Log 33).

Ganz prinzipiell sagt Jesus schon zu Beginn (Log 1): »Wer den Sinn dieser Worte ergründet, wird den Tod nicht schmecken.« Im koptischen Text steht hier für »Be-Deutung« das aus dem Griechischen übernommene Fremdwort *hermeneua*. Die Hermeneutik ist die schier heilige Kunst des Deutens und Dolmetschens, bei Paulus ein Charisma des Heiligen Geistes (1 Kor 12,10), bei den Griechen eine Funktion des geflügelten Götterboten »Hermes«.

Auch »Thomas« ist, wie die ganze Bibel, keine Geheimschrift. Die Bibel ist ein Volksbuch, ein Menschheitsbuch, kein Kirchenbuch, verstehbar ohne priesterliches Herrschaftswissen und ohne fehlbares oder unfehlbares Lehramt. Sie legt sich, so Luther, selbst aus, wenn man sie nicht so sehr mit dem Verstand als mit der Begier des Herzens liest. »Anfechtung lehrt, auf das Wort merken« – das ist Luthers hermeneutisches Prinzip. Was »Gnade« ist, versteht nur der Betroffene, der weiß, dass er ein Sünder ist.

Doch der Prolog sagt auch etwas über den Autor und Sprecher der Logien aus. Hier spricht *»Jesus der Lebendige«*. Ist das der authentische historische Jesus? Nach zweihundert Jahren fragwürdiger Jesusforschung sagt man heute: Der historische Jesus ist nur der Jesus der jeweiligen Historiker. Der Entscheidungsspielraum für das, was typisch jesuanische und was typisch nachösterliche Gemeindesprache ist, gilt als riesig. Es gibt zwar die historisch-kritische Methode der Bibelforschung, aber nicht die übereinstimmenden Forschungsergebnisse. Aus dieser Not macht Joseph Ratzinger (ausdrücklich nicht als Papst, sondern als Professor) in seinem glänzend geschriebenen Jesusbuch eine wissenschaftlich nicht erlaubte Tugend, wenn er behauptet, dass der nachösterlich geglaubte und verkündete Christus voll inhaltlich identisch sei mit dem historischen Jesus, ja mit dem jüdisch erwarteten Messias.

Nun fehlt im ganzen »Thomas« der später so geläufige Titel »Christus«. Nicht einmal bei Jesu Frage an die Jünger, für wen sie ihn halten, kommt er vor (Log 13)! Dem jüdisch-politischen Christustitel gegenüber (Messias) verhielt sich Jesus immer sehr spröde. Seine Selbstbezeichnung war offenbar »Der Menschensohn«.

Warum heißt nun Jesus im Prolog »Der Lebendige«? Diese Bezeichnung findet sich so durchgehend nur bei »Thomas«, außer einmal in der Apostelgeschichte des Lukas (1,3): »Jesus zeigte sich nach seinem Leiden durch viele Beweise als *der Lebendige* und ließ sich unter ihnen sehen vierzig Tage lang und redete mit ihnen über das Reich Gottes.« Insofern gehört ein Teil der Logien theologisch gesehen zu den Reden des Auferstandenen. Jesus der Lebendige, das ist »Jesus Christus gestern und heute und derselbe auch in Ewigkeit« (Hebr 13,8).

Ihr Sucher nach dem historischen Jesus, »was sucht ihr *den Lebendigen* bei den Toten«? (Lk 24,6) In den johannäischen Abschiedsreden sagt Jesus: »Ich habe euch noch viel zu sagen. Aber ihr könnt es jetzt (noch) nicht ertragen. Wenn aber der Geist der Wahrheit kommen wird, wird er euch in alle Wahrheit leiten.« Johannes schließt sein Buch mit der Bemerkung: »Die Welt würde die Bücher nicht fassen, wenn alles aufgeschrieben würde, was Jesus tut und sagt.« Gut, dass »Thomas« aufgeschrieben hat, was er (vor- und nachösterlich) gehört hat.

Damit sind wir beim letzten Hinweis des Prologs: »*Didymus Judas Thomas*« hat sie (die bis jetzt verborgenen Worte Jesu) aufgeschrieben.

Wer ist dieser Thomas? »Thomas« ist ein aramäischer Name und bedeutet dasselbe wie der griechische Ausdruck *didymos*, auf Deutsch »Zwilling«. Nicht zu verwechseln mit *di-psychos*, dem zweifelnden, gespaltenen Zwei-Seelen-Mensch (Jak 1,8)! Thomas ist nicht der »Ungläubige Thomas«, sondern der »Zwilling«. Ein Judas kommt im Zwölferkreis außer dem »Verräter« Judas Iskariot nicht vor, es sei denn in Johannes 14,22, wo es ausdrücklich heißt: »Da sprach Judas, nicht der Iskariot, zu Jesus ...« Die altsyrische Übersetzung dieser Stelle fügt zu diesem Judas ausdrücklich »der Zwilling« hinzu.

In jedem der drei ersten Evangelien kommt ein Thomas nur in den Listen der Apostel vor, »je zwei und zwei«. Thomas ist dort immer gekoppelt mit Matthäus. In Johannes 11,16 wird er eingeführt mit der Bemerkung: »Thomas, den sie den Zwilling nannten.« Ein

Spitzname, weil dieser Jünger seinem Meister ähnlich sah oder sein wollte?

Bei Johannes kommt Thomas dreimal schlecht weg. Auf dem Weg zum Lazarusgrab sagt er enthusiastisch oder depressiv: »Lasst uns mit Jesus gehen, damit wir mit ihm sterben!« Im Saal der Abschiedsreden versteht er als Einziger den Weggang Jesu zum Vaterhaus nicht, sodass Jesus speziell zu Thomas sagen muss: »Der Weg zum Vater bin ich selbst!« Schließlich fehlt er als Einziger, mutlos oder mutwillig, am Osterabend im Kreis der Jünger, sodass Jesus extra seinetwegen acht Tage später noch einmal erscheint. Das alles klingt so, als ob Johannes gegenüber Thomas eine kritische Position einnimmt. Steht im Hintergrund eine Polemik zwischen der Spiritualität der Thomasgemeinden Ostsyriens (Edessa) und der Spiritualität der Johannesgemeinde Westanatoliens (Ephesus)?

Weil es nun unter den leiblichen Brüdern Jesu auch einen Judas gab (Mk 6,3), haben die sogenannten Thomasakten des 3. Jahrhunderts kühn erzählt, Judas, der Thomas, sei der leibliche Zwillingsbruder Jesu und wie er Zimmermann gewesen (in der Ikonografie wird Thomas oft mit Winkelmaß und Zirkel dargestellt!). In der Konsequenz hieße das, Maria habe Zwillinge geboren, zuerst Jesus als Erstgeborenen, dann den Judas. »Zwilling« aber hat ja auch eine geistliche beziehungsweise eine astrologische und esoterische Bedeutung.

Was ist die Nachwirkung des legendär gewordenen Thomas?

Heute noch beruft man sich unter den sogenannten Thomas-Christen in Südwestindien auf die altkirchlich bezeugte Tradition, ihre altorthodoxe Kirche sei aus der Missionsarbeit des Apostels Thomas hervorgegangen. Nach einer seit dem Mittelalter nachweisbaren Überlieferung wird von dieser Kirche ein angebliches Apostelgrab an der Stätte des Thomasmartyriums in Mylapore bei Madras heilig gehalten.

Wahrscheinlich aber ist, dass das Christentum erst um 300 aus Persien und Ostsyrien nach Indien gekommen ist. Das ostsyrische

Edessa, heute das irakische Urfa, ist der Ort, von dem die Thomasakten erzählen, welche Wunder Thomas dort gewirkt habe und dass schließlich seine Gebeine dort zur Ruhe gebettet wurden. Solche erbauliche frühchristliche Literatur nach dem Vorbild der lukanischen Apostelgeschichte enthält trotz gnostischer Färbung keine unkirchliche Irrlehre. Sie hat aber keine große historische Glaubwürdigkeit.

Die Dichtung »Das Buch Thomas des Wettkämpfers« (zum Fund von Nag Hammadi gehörig) beginnt folgendermaßen:

»Dies sind die geheimen Worte, die der Heiland zu Judas, genannt Thomas, sprach. Ich, Matthäus, habe sie selbst aufgeschrieben. Während ich auf dem Wege war, hörte ich sie, wie sie miteinander sprachen. Der Erlöser sprach: Bruder Thomas, höre mich an, solange für dich noch Zeit ist auf Erden. Ich will dir offenbaren, worauf sich dein Geist gerichtet hat in deinem Herzen. Denn du giltst als mein Zwillingsbruder und wahrer Freund. Forsche daher in dir und erkenne, wer du bist, wer du gewesen bist und wer du werden wirst. Man nennt dich meinen Bruder: Also darfst du nicht in Unwissenheit über dich selbst bleiben. Wer sich selbst nicht erkennt, hat nichts erkannt. Wer sich selbst erkennt, erkennt die Tiefen des Alls ...« (nach Dietzfelbinger, S. 227). Der Text hat starke Bezüge zu Logion 13 und Logion 67 und setzt sie voraus.

II. Die Botschaft und der Gehalt des Thomasevangeliums

Reich Gottes und Welt in der Einswerdung – eine Mystik der Wirklichkeit

Die nun folgenden Abschnitte über Botschaft und Gehalt des Thomasevangeliums zeigen, dass es zwar immer um den mystischen Prozess der Einswerdung, der möglichen Aufhebung der Dualismen geht, aber immer unter verschiedenen Aspekten. Immerhin, noch radikaler als die biblischen Evangelien betont »Thomas«: Das Königreich ist jetzt! Nordsieck meint, das ganze Evangelium ruhe auf drei Hauptpfeilern: Logion 3 am Anfang, Logion 103 am Ende und Logion 51 in der Mitte.

Das Königreich an sich ist zwar immer und überall, aber für uns ist es jeweils nur jetzt, nicht dort, nicht gestern, nicht morgen, nicht droben bei den Spatzen, nicht drunten bei den Fischen. Es ist bereits ausgebreitet über die Erde. Die neue Welt ist schon da. Aber die Menschen der Finsternis sehen es in ihrer Blendung nicht. Mit erleuchteten Augen, also mit den erbarmenden Augen des Vaters der höchsten Liebe, sehen wir es überall.

Wir sind eingeladen, die gesamte Weltwirklichkeit als vom göttlichen Geist gewirkt und durchtränkt zu erkennen. Das Königreich ist ein alles erfassender Sauerteig in der Mehlschüssel der Welt (Log 96), ein winziges Senfkörnlein, das zum Vogelbaum wird (Log 20), ein seit Generationen in der Tiefe der Geschichte verborgener Schatz (Log 109), eine gute Saat, die längst vor dem Unkrautsamen in den Acker der Menschenherzen gelegt ist (Log 57).

Dies alles klingt zwar prozesshaft, aber in der blitzartigen Erleuchtung sehen wir je und je schon die Vollendung. Fast pantheistisch klingt es, wenn Jesus sagt: »Ich bin das Licht, das alles überstrahlt. Spaltet das Holz – und ich bin da. Hebt einen Stein auf – und ihr werdet mich finden.« (Log 77) Das ist eine spirituelle Aha-Erkenntnis (Gnosis), eine Wesensschau (Mystik). Es ist nicht nur griechisches Denken, es ist älter, es ist hebräisches Denken. Man denke an die Offenbarung bei der visionären Berufungsaudition des Propheten Jesaja, an den Sanctus-Gesang der Cherubim: »Alle Lande sind voll *seiner* Herrlichkeit.«

Mit dem Verstand sehen wir die Welt grau in grau, als Optimisten rosa, als Pessimisten schwarz. Mit dem Herzen, auf einer tieferen Bewusstseinsstufe, sehen wir sie mit dem Auge Gottes und erkennen die ganze Welt als »Schau-Platz« seines Königreiches. Der chassidische Rabbi Ghanoch sagte, im Unterschied zu den Heidenvölkern, die glauben, dass es eine diesseitige und eine jenseitige Welt gebe, bekennt Israel, »dass beide Welten im Grunde *eine* sind und dass sie eins werden sollen« (Buber, Erzählungen, S. 841).

Dietrich Bonhoeffer wendet sich in seiner »Ethik« gegen das »Denken in zwei Räumen«. Er betont: Es ist nach der Menschwerdung Gottes in Christus eine Abstraktion, die Weltwirklichkeit ohne die Christuswirklichkeit zu sehen. »Der Mönch will Christus ohne die Welt, der Kulturprotestant will die Welt ohne Christus ... oder der Mensch will in beiden Räumen zugleich stehen und wird damit der Mensch des ewigen Konfliktes.« So verstehen wir, was Jesus in Logion 28 sagt: »Inmitten der Welt nahm ich meinen Platz ein, und ich zeigte mich im Fleisch.«

Aber warum erkennen wir die Welt nicht als das Königreich des Vaters? Jesus erklärt: »Ich fand sie alle trunken ... Meine Seele litt um die Menschenkinder ... denn blind sind sie im Herzen ... Wenn sie den Weinrausch ausgeschlafen haben, werden sie Buße tun.« (Log 28) Diese »Denk-Änderung« (*Meta-Noia*) besteht also darin, dass wir unsere wahnhaften Projektionen (*Para-Noia*) erkennen und stocknüchtern werden, frei von allen Ideologien, Indoktrinierungen, Fixierungen, Süchten und Leidenschaften.

Gewiss ist auch die Gnosis eine »Brille«, aber ohne eine Deutung der Wirklichkeit kommen wir nicht aus. Entscheidend ist nur, welche Wirkung unsere Deutungen haben.

Die frühen ägyptischen Wüstenväter übten sich in der »Gabe der Unterscheidung der Geister«. Sie erkannten: Alles, was uns befreit, nüchtern macht, tröstet und liebesfähig macht, stammt vom Geist der wahren Wirklichkeit. Alles, was uns besetzt, benebelt, fixiert, friedlos und hoffnungslos macht, stammt vom Geist der Täuschung und der Lüge. Die »Dämonen« (zwanghafte Automatismen) haben aber im Grunde keinerlei Macht, sie sind nur »Luft« (körperlose Luftgeister). Sie haben keine Körper, deshalb brauchen sie unsere Leiber und flößen uns zu deren Handlungen schlechte Stimmungen und Gedanken ein. Nur so kann sich das Böse in der Menschenwelt realisieren.

Wir könnten die virtuelle Scheinmacht der »Dämonen« jederzeit in unseren Köpfen entlarven und entmachten. Denn das Königreich ist ja eigentlich schon da. Nur sind wir noch, wie Jesus sagt, »betrunken«. Um unsere Wahrnehmungstrübung aufzulösen, müssen wir das geistliche Ringen, den sogenannten spirituellen Krieg einüben. In Logion 98 gleicht das Königreich einem Menschen, der einen Mächtigen (das Böse in der Welt) töten will. Er sticht das Schwert der Unterscheidung der Geister zuerst gegen seine eigene Zimmerwand (gegen sein zwanghaftes Ego) und übt, bis seine Hand stark genug ist, die Trugbilder des Bösen auch in der Außenwelt spirituell (um Gottes willen nicht militärisch) zu besiegen.

Ein ganz anderes Gleichnis vom Königreich meint letztlich dasselbe wie das Bild des Kriegers. Als Jesus einmal sieht, wie Säuglinge gestillt werden (Log 22), meint er: Wer so wie diese Kinder ganz im Sein, ganz hingegeben, ganz ungeteilt, ohne Dünkel und Hochmut ist, der wird sofort ins Königreich eingehen. Wer so ganz im Sein ist, der »erschafft« sich neue Augen, neue Hände und Füße, neue Sinne, mit denen er das Himmelreich nicht etwa »glaubt«, sondern »trinkt« und »schmeckt«.

Von diesem »Ort« aus, in diesem Bewusstseinszustand, können wir »die Welt durchschauen«, die Welt als »Leichnam« und als Welt des neuen Lebens (Log 52, 56 und 80). Entweder wir werden selbst bei lebendigem Leib zu einem »Leichnam« – oder wir gelangen zu unserer königlichen Würde.

Es geht dabei nicht um einen religiösen Lebensstil. Mit Fasten und Beten würden wir nur »Sünde hervorbringen«, etwa die Egopflege des Stolzes über unsere Leistung (Log 14). Es geht hier und in Logion 104 um einen hochzeitlichen Lebensstil im Umkreis des Mysteriums des »Brautgemaches«. Dieses alte Symbol der orientalischen Liebesmystik steht nicht nur für die Vereinigung von Himmel [Sonne und Regen] und Erde [Ackerboden], sondern auch für die geistige Vereinigung von Schöpfer und Geschöpf. Diese Erfahrung ist von uns nicht machbar, aber wir bereiten uns darauf vor, indem wir uns von den falschen Ansprüchen der gesellschaftlichen Mächte wie Familie oder Staat frei machen, und zwar kraft der Energie eines heiligen »Hasses« (vgl. Log 60).

Es ist aufregend zu sehen, dass »Thomas« als Gegensatz des Königreiches vornehmlich Reichtum und Macht benennt. Beide spalten die eine Welt in Obere und Untere, in Reiche und Arme. »Wer reich geworden ist, soll herrschen. Und wer die Macht hat, soll ihr entsagen.« (Log 81) In der Tradition der hebräischen Bibel, der griechischen Philosophie und in Übereinstimmung mit allen Kirchenvätern bis ins 19. Jahrhundert hinein verkündet auch »Thomas« das Zinsverbot. Es ist eine uralte Erfahrung, dass ein Zins, der über eine Leihgebühr im Rahmen des Inflationswachstums hinausgeht, die Gier erweckt und den Menschheitskörper krebsartig krank macht.

»Wenn ihr Geld habt, verleiht es nicht auf Zins. Gebt lieber dem, der es nicht zurückzahlen wird.« (Log 95) Werde ich durch den Zins reicher, wird auf der anderen Seite der Welt irgendjemand ärmer werden müssen. Die Zinsgewinne muss ja irgendjemand bezahlen, letztendlich die Natur. Sie aber ist unser Boot, in dem wir alle sitzen.

»Käufer und Händler«, die keine Zeit haben für den »Sabbat des Vaters« (vgl. Log 27) oder für die Festfeier der Vereinigung können nicht eingehen in die »Orte meines Vaters« (Log 64). »Orte des Vaters« steht für ein höheres Klarbewusstsein der Seele, vergleichbar mit All-Einheits- und Liebes-Erfahrungen im Nahtod-Zustand.

Die Mystik der Wirklichkeit des Thomasevangeliums dürfte ein wichtiger Maßstab sein für alle heutige kirchliche, charismatische, politische »Reichs-Gottes-Arbeit« (zum Beispiel für die wichtige konziliare Bewegung für »Gerechtigkeit, Frieden und Bewahrung der Schöpfung« oder für die bedeutsame befreiungstheologische Basis-Gemeinde-Arbeit).

Gott und Mensch in der Einswerdung – eine Lichtmystik

Das Allerweltswort »Gott« kommt bei »Thomas« nie vor. Aber auch nicht der hebräische Gottesname JHVH, das Tetragramm (Vier-Buchstaben-Name). Kein frommer Jude wagt, den Gottesnamen auszusprechen, denn er will ihn nicht entheiligen. Es ist sowieso kein »Vorname«, denn er bedeutet: »Ich bin da als der ich je und je dir da bin.« Mit solch einem »Namen« kann man kaum *über* ihn sprechen, als sei der ewig Gegenwärtige abwesend. Außerdem ist mit der Formel »im Namen Gottes« mindestens so viel Schlimmes wie Gutes getan worden. »Gott« ist, so sagt Martin Buber, das »beladenste aller Menschenworte« geworden. Der muslimische wie der christliche Araber beten zu ALLAH. Die arabische Vorsilbe AL hat die Urbedeutung von JA, die Endsilbe LAH die von NEIN (hebr. Lo). Das ist ein ähnlich tiefsinniger Name wie JHVH und entspricht unserer gesamten Lebenserfahrung von Bestätigtsein und Begrenztsein. Jesus aber spricht bei »Thomas« nur vom »Vater«.

Nicht die patriarchalische Bedeutung von Vater, sondern die familiär-zärtliche ist gemeint: ABBA! Das hat sich aber in der Christenheit trotz Paulus (Gal 4,6) nicht eingebürgert. In Logion 101 bezeichnet Jesus seinen Abba-Vater als »meine wahre Mutter«, die »mir das Leben geschenkt« hat. Er meint damit weder die Mutter Erde noch die Mutter Maria, denn diese »gebar mich für den Tod«. Wenn Jesus vom Königreich des Vaters spricht, so stammt auch hier »König« ebenso wenig wie »Vater« aus der hierarchisch-feudalistischen Vorstellungswelt, sondern aus der zeitlos archetypischen Seelensprache beziehungsweise aus der inspirierten Geistsprache.

Gerne spricht Jesus geheimnisvoll vom »Ort«, dem Quellort des Lichtes oder des Lebens. Sowohl der Atheismus wie die sich mehr mit Engeln als mit Gott beschäftigende Esoterik sind ungewollt Zeugen dafür, dass Gott als Vater der verborgenste und allerhöchste »Ort« ist (hebr. *makom*).

Wo aber ist der ureigenste »Ort« des Menschen? Genau dort, wo die göttliche Quelle des Lebens und des Lichtes ist. In Logion 24 fragen die Jünger Jesus nach seinem »Ort«, und er sagt ihnen: »In einem Menschen des Lichts ist Licht, und er erleuchtet die ganze Welt.« In Logion 50 (laut Nordsieck eine Art Katechismus der Thomasgemeinden für die missionarische Praxis) sagt Jesus: »Wenn man euch fragt: Woher kommt ihr?, dann antwortet: Wir kommen vom Licht, von dort, wo das Licht aus sich selbst heraus entstanden ist.« Der höchste Ort im Universum ist also auch zugleich der innerste Ort im Menschen. »Wenn sie euch fragen: Wer seid ihr denn? Dann sagt: Wir sind seine Kinder und die Auserwählten des lebendigen Vaters.«

Das Licht hat »sich manifestiert« und »in seinem Bild offenbart«. Sind alle Menschen Abbild des göttlichen Urlichtes? Oder nur die sogenannten »Erleuchteten«? Gewiss alle. Aber viele wissen oder glauben es (noch) nicht. Wer fragt: Was sind die Kennzeichen derer, die wissen, dass sie Söhne und Töchter des Lebendigen sind? – der soll antworten (immer noch nach Log 50): Es ist »Bewegung und Ruhe«. Dies sind die beiden Wesensmerkmale für die Ausstrahlung und Präsenz des väterlichen Urlichts, und daran haben die Seinen Anteil. »Bewegung« drückt die Lebendigkeit aus, »Ruhe« die Gelassenheit. Bewegung ist der Uranfang des Alls, Ruhe ist das Ziel. Oder:

Bewegung ist die schöpferische Nachahmung des Schöpfers in der menschlichen Alltagsarbeit, Ruhe ist die Sabbatfeier als Vorwegnahme der Feier des (ewigen) Lebens.

So findet sich bei »Thomas« kein Wort, das auf eine Erbsündenlehre oder Sündenfallgeschichte hinwiese. Dies sind sowieso keine biblischen, sondern kirchliche Begriffe. Freilich kann der Mensch »vom Löwen gefressen« werden, vom Raubtier, das in ihm schlummert (vgl. Log 7). Aber er kann den inneren Löwen auch bezwingen und »vertilgen«. Der Löwe steht im alten Orient meist für den Tod oder den Teufel (1 Petr 5,8). Die positive Auffassung vom Menschen hängt bei »Thomas« mit einer speziellen Lehre von den Bildern zusammen. Das göttliche Urbild des Vaters und das irdische Abbild Adams stehen sich nicht in einem »unendlich qualitativen Abstand« (Karl Barth) gegenüber, sondern entsprechen sich im gleichen Licht.

Die Bilderlehre des Thomasevangeliums geht davon aus, dass die eigentliche Wirklichkeit tief im Unsichtbaren verborgen ist. Das weiß heute ja auch die Physik des Lichts oder die philosophische Phänomenologie. Das Urbild aller Bilder hat die Menschheit kollektiv unbewusst zusammengefasst in dem Symbol »Gott«. Von ihm sich ein zutreffendes Bild zu machen hat sich das alte Israel aus tiefer Ehrfurcht vor dem Höchsten verboten.

In Logion 83 sagt Jesus: »Die Bilder offenbaren sich dem Menschen. Aber das Licht in ihnen ist verborgen im Bild. Das Licht des Vaters wird sich offenbaren. Aber sein Bild ist vom Licht verborgen.« Wir können Gott nur »schauen im finstern Glauben«. (Luther)

»Mosche, was ist das, Gott?«, fragt der über die Tora gebeugte Rabbi Salmari den eintretenden Schüler. »Warum schweigst du?«, fragt er weiter. »Weil ich es nicht weiß«, sagt der Schüler. »Weiß ich's denn?«, sprach der Rav. »Aber ich *muss* sagen, denn es ist so, dass ich es sagen muss: ER ist deutlich da, und außer ihm ist nichts deutlich da, und *das* ist ER.« (Buber, S. 417) Gerade in dieser je und je neu entstehenden bildlosen Gewissheit der Allwirklichkeit Gottes erweist sich der Mensch als ein Abbild und Ebenbild Gottes.

Für »Bild« hat »Thomas« zwei Begriffe. Einmal ein dem griechischen *homoiosis* (Ähnlichkeit) entsprechendes Wort. Zum andern das aus dem Griechischen entlehnte Fremdwort *eikon*. Ikonen sind bekanntlich Lichtfenster zur unsichtbaren Welt. Logion 84 spricht von dem großen Schmerz, der uns anstelle unseres frohen Selbststolzes über unsere Gottebenbildlichkeit überkommen mag, wenn wir in einer erleuchteten Stunde oder in der Stunde unseres Todes unserem Urbild begegnen, jeder sich selbst als eine einmalige und ewige Idee im göttlichen Gedächtnis: »Wenn ihr eure Ebenbilder seht, seid ihr glücklich. Aber wenn ihr eure Urbilder seht, die vor euch da waren, die weder sterben noch sich offenbaren, wie viel müsst ihr dann ertragen!«

Trotzdem sagt Jesus, der erleuchtete Mensch werde den Vernichtungstod »nicht schmecken«. Denn er hat schon vor dem biologischen Tod die ursprüngliche Kraft Adams wiedergefunden: »Adam ist aus einer großen Kraft und Fülle hervorgegangen. Aber er war euer nicht würdig. Wäre er würdig gewesen, hätte er den Tod nicht geschmeckt.« (Log 85) Offenbar will dieses Jesuswort andeuten, dass sich der adamitische *homo sapiens sapiens* durch einen evolutionären Quantensprung zum ursprünglichen Lichtwesen weiterentwickeln könnte zum »Zweiten Adam« (wie Paulus sagt), zum Christusmenschen, zur Buddha-Natur oder wie immer die verschiedenen Religionen dasselbe Entwicklungsphänomen der »Zweiten Geburt« beschreiben.

Es ist ein langer schmerzhafter Weg zu unserer vollendeten Gestalt. Die Jünger fragten Jesus, wie unser Ende sein wird. Da stellte er ihnen die Gegenfrage, ob sie denn schon den Anfang entdeckt hätten, sodass sie schon jetzt nach dem Ende fragen könnten. »Denn wo der Anfang ist, da wird auch das Ende sein. Glückselig, wer ein Anfänger bleibt. Denn er wird das Ende erkennen und den Tod nicht schmecken.« (Log 18)

Wagen wir wirklich, so groß von der Zukunft des *homo sapiens* zu denken? Ist er nicht eher eine gefährliche Fehlentwicklung der Evolution? Sollte es wirklich jedem möglich sein, sich ansatzweise zum spirituellen Lichtmenschen zu transformieren?

Ist diese Bilder- und Lichtmystik der Einswerdung von Gott und Mensch nun gnostisch? Kaum. Die Gnosis, das hellenistische Denken, hält Geist und Materie für prinzipiell unvereinbar. Denn der Geist gilt als gut, die Materie als schlecht.

Der Lichtfunke ist im Fleisch verirrt und entfremdet. Die platonische Ideenlehre ist etwas völlig anderes als die hebräische Lehre von der Gottebenbildlichkeit des Menschen. Die Bilderlehre des »Thomas« reicht weit hinein in die kirchliche Mystik eines Angelus Silesius, wenn er dichtet: »Liebe, die du mich zum Bilde deiner Gottheit hast gemacht, Liebe, die du mich so milde nach dem Fall hast wiederbracht ...« Auch das gnostische Philippusevangelium (um 150) sagt in seinen Logien 67 und 68: »Die Wahrheit kam nicht nackt in diese Welt, sondern sie kam in Sinnbildern und Abbildern. Anders kann die Welt die Wahrheit nicht empfangen ... Der Herr vollzog alles [bezüglich der Wiedergeburt] in einem Mysterium [der sakramentalen Symbole]: Taufe und Salbung, Abendmahl und Lossprechung und Brautgemach [Gesamtraum der Sakramente als *unio mystica* der Seele beziehungsweise der Brautgemeinde mit Christus]. Und der Herr sprach: Ich bin gekommen, das Untere wie das Obere zu machen und das Äußere wie das Innere, um sie alle an jenen Ort [der bilderlosen All-Einheit im ›Brautgemach‹] zu versammeln.«

Dazu kommt noch, auch im Judentum, die Vorstellung von der Präexistenz der Seele vor ihrer irdischen Inkarnation. Der chassidische Mystagoge Elimelech von Lissensk – »immer nach erwachenden oder zu erweckenden Seelen Ausschau haltend« – sprach: »Ehe die Seele in die Luft dieser Welt tritt, führt man sie durch alle Welten. Zuletzt zeigt man ihr das Urlicht, das einst, als die Welt geschaffen wurde, alles erleuchtete und das Gott dann, als sie der Mensch verdarb, geborgen hat. Warum zeigt man der Seele dieses Licht? Damit sie von Stund an Verlangen trage, es zu erreichen und sich ihm im irdischen Leben Stufe um Stufe nähere. Und die es erreichen, in sie geht das Licht ein, aus ihnen hervor leuchtet es wieder in die Welt. Dazu ist es einst geborgen worden.« (Buber, S. 397)

Heute wird dem abrahamitischen (jüdischen, christlichen und muslimischen) Monotheismus von buddhistischer Seite zum Teil mit Recht vorgeworfen, er versetze den Menschen in einen inferioren, unterwürfigen Stand gegenüber dem Allmachtsanspruch eines ichhaft persönlichen Gottes. So auch Peter Sloterdijk in seinem Buch »Gottes Eifer«. Der »Monotheismus« des »Thomas« ist von dieser Denunzierung in keiner Weise betroffen. Denn in der Beziehungsmystik geht es gerade nicht um Unterwerfung, sondern um Liebeserfahrung (Gnosis) in der gegenseitigen Hingabe und Einswerdung.

Jesus und Jünger in der Einswerdung – eine Nachfolgemystik

Vermutlich für den Anfang der Nachfolge lädt Jesus ein: »Wer von meinem Mund trinkt, wird sein wie ich, und ich werde wie er selbst sein.« (Log 108) Wohl gemerkt, die Identitätsmystik macht keine statischen Ist-Aussagen, sondern dynamische Prozess-Ansagen. Diese unglaubliche Einladung weckt die Fragen der Anfänger: »Sage uns, wer du bist, damit wir glauben!«

Jesus verweigert eine Antwort. Er will kein Glaubensverhältnis, sondern ein Seins- beziehungsweise ein Werdensverhältnis stiften. So antwortet er: »Ihr untersucht das Antlitz von Himmel und Erde, aber ihr erkennt den nicht, der vor euch steht.« (Log 91) Damit werden die Frager auf das Hier und Jetzt und zugleich auf sich selbst verwiesen: » Erkenne das, was direkt vor dir liegt, so wird dir das, was verborgen ist, offenbar werden!« (Log 5) Also könnte man das Tersteegenlied »Gott ist gegenwärtig, lasset uns anbeten ...« auch so singen: »Gegenwart ist göttlich ... lasset uns anbeten!«

Zum Höhepunkt der Nachfolgezeit gehört vermutlich Jesu Frage an die Jünger: »Sagt mir, wem ich gleiche!« (Log 13) Petrus sagt: »Du bist wie ein gerechter Engel.« Matthäus antwortet: »Du bist wie ein weiser Philosoph.« Thomas, offenbar in spiritueller Erregung, spricht: »Meister, mein Mund ist völlig unfähig zu sagen, wem du gleichst.« Darauf korrigiert ihn Jesus: »Ich bin nicht dein Meister, denn du hast selbst getrunken. Du hast dich an der sprudelnden Quelle berauscht, die ich hervorquellen ließ.«

Nun wird Thomas von Jesus beiseitegenommen, um ihm unter vier Augen »drei Worte« zu offenbaren. Welche? Vielleicht »Quellworte« über die Gottgleichheit Jesu oder über die spirituelle Zwillingsbruderschaft mit Jesus oder über eine Gemeindeleiter-Position nach Jesu Hingang [ähnlich zu Petrus in Mt 16,16ff]? Thomas gibt den neugierigen Jüngern aus Furcht vor ihrer Eifersucht sein Geheimnis nicht preis.

Jesus sagt auch seiner Gastgeberin Salome mehr als den Status einer Jüngerin zu. Er spricht ihr die Lichtgleichheit mit sich zu – unerhört für damals wie für heute (Log 61).

Vermutlich gegen Ende der Erdenzeit Jesu fragen die Jünger: »Wann wirst du dich uns offenbaren und wann werden wir dich sehen?« Die Antwort ist seltsam: »Wenn ihr euch nackt auszieht, ohne euch zu schämen.« (Log 37) Kleider ablegen – das heißt, die Bilder ablegen, die sozialen Rollen und Titel, die eingefleischte Charakterpersönlichkeit, den Habit und Habitus der automatischen Gedanken und Handlungen, schließlich auch den Körper, dieses vergängliche Kleid der Seele.

Alle Initiationen in die Mysterien werden nackt begangen: die Taufe, die Hochzeit, das Martyrium. Franz von Assisi legte sich zum Sterben nackt auf den nackten Erdboden. Schon bei seiner Lösung vom Elternhaus hatte er vor dem bischöflichen Schiedsgericht spontan seine Kleider ausgezogen und samt allem Bargeld seinem Vater vor die Füße geworfen – mit den Worten: »Nun kann ich endlich sagen: ›Vater unser im Himmel!‹ und nicht mehr ›Vater Pietro Bernardone!'« Ab da war er ungehindert und unmittelbar dem offenen Himmel zugehörig.

Nun gebraucht »Thomas« ein neues Wort für den initiierten, eingeweihten Jünger: *Monachos*. Was ist unter einem Monachos zu verstehen?

Dieses Hauptwort ist im koptischen Text als griechisches Fremdwort beibehalten. Es kommt aber weder im klassischen Griechisch noch im Neuen Testament vor. Ab dem 4. Jahrhundert hat man darunter einen Einsiedler oder Wüsteneremiten verstanden. Athanasius, der Biograf des ersten bedeutenden Wüstenvaters Antonius des Großen, nennt die Menschen *Monachoi* (später eingedeutscht »Mönche«), die sich bald zu Tausenden in die ägyptische Wüste zurückzogen, um sich selbst und Gott radikal zu begegnen. Pachomius, der Begründer der kasernenartigen Gemeinschaftsklöster, nennt seine Leute nicht Mönche, sondern Brüder. Zwei Jahrhunderte zuvor, bei »Thomas«, ist der *Monachos* etwas anderes: kein Asket, kein Single, kein Lediger, sondern ein »Einzelner« im Sinne eines geeinten, integrierten, mit sich versöhnten, ganz und gar eigenständig gewordenen Menschen. Dies ist das Entwicklungsziel der Menschwerdung des Menschen und insbesondere der Christwerdung des Christen. Immer wieder kommt Jesus darauf zu sprechen (vgl. Log 11; 16; 22; 23; 49; 75; 106): »Selig ihr Einzelnen, ihr werdet das Königreich finden!« – »Ich werde euch auswählen, einen aus Tausend. Und sie werden dastehen als ›Einzig(artig)e‹.«

Aus der Fülle der modernen Zeugen für den *Monachos*-Status ein paar Beispiele:

Als *Martin Luther* eigenmächtig die Wartburg verließ und am 9. März 1522 die Kanzel in Wittenberg betrat, um die Missstände der kollektiven Schwarmgeister zu beseitigen, begann er mit den berühmt gewordenen Worten: »Wir sind allesamt zum Tod gefordert und keiner wird für den andern sterben, sondern jeder in eigener Person für sich mit dem Tod kämpfen ... Ein jeder muss für sich selbst geschickt sein.« Ebenso existenzialistisch sagte er später im Rückblick auf sein Wormser Bekenntnis vor Kaiser und Reich: »*Tunc enim ergo eram ecclesia* – Damals musste ich als Einziger die Kirche sein.«

Der dänische Existenzphilosoph *Søren Kierkegaard* war sich darüber im Klaren: »Die Kategorie des Einzelnen ist der Engpass«, durch den hindurchzudringen er »die Vielen« einladen wollte.

Martin Buber nennt es »eine kopernikanische Wende«, wenn sich ein Mensch entschließt, die Lösung seiner Außenprobleme nicht mehr von der Umwelt zu erwarten, sondern anfängt, sich in seiner Innenwelt »selbst zu-rechtzuschaffen«. Nur der Einsgewordene begreift seinen einzigartigen und einmaligen Platz im Universum. Sonst hätte er gar nicht erst geboren werden müssen – meint Buber.

Der türkische Literaturnobelpreisträger *Orhan Pamuk* erzählt die »Geschichte eines Prinzen«, der auf den Tag zuarbeitet, an dem er endlich »ganz er selbst« geworden sein würde. Da würden alle fremden Gedanken in seinem Gehirn erschöpft sein und sein Gedächtnis schweigen; er würde »die große Stille spüren«. Erst dann würde er ein regierungsfähiger Sultan sein können.

Und wie steht es mit der Frau als *Monachos*? Am Schluss des »Thomas« (Log 114) lesen wir sehr merkwürdige Sätze: »Simon Petrus sagte zu ihnen: Maria soll aus unserer Mitte weichen, denn Frauen sind des Lebens nicht würdig.« Nun, so eine Einstellung war damals gängige Auffassung. Jesus aber sagt: »Seht, ich selbst werde sie nehmen und männlich machen, damit auch sie ein lebendiger Geist wird, vergleichbar euch Männern. Denn jede Frau, die sich männlich macht, wird in das Königreich gelangen.« Hier ist nicht die Rede von Mannweib, Herm-Aphrodit oder Amazone; auch nicht von Adams »Gehilfin« (wörtlich übersetzt: »Gegenüber-Antlitz« Adams). Tiefenpsychologisch gesprochen soll Maria Magdalena bei Jesus ihren *Animus* (ihren männlichen Geist) entwickeln, so wie Jesus seine *Anima* (seine weibliche Seelenseite) integriert hatte.

Wir kennen auch die heilige Johanna von Orleans, die angesichts des Versagens der Männer buchstäblich die Hosen anhatte. Wir lesen auch von ihrer Zeitgenossin Christine de Pizan. Als todunglücklich und wie gelähmt daliegender junger Witwe erscheint ihr die göttliche Fortuna und sagt zu ihr: »Ab jetzt sollst du ein Mann sein!« Wie elektrisiert erhebt sie sich zu einem völlig freien, schöpferischen, eigenständigen Leben – in Vorwegnahme der Aussage des frühromantischen Dichters Novalis: »Der Mann ist in gewisser Weise auch Weib, so wie das Weib Mann.« Ähnlich Simone de Beauvoir: »Ich will Frau sein, ich will Mann sein, ich will alles sein!«

War Jesus mit Maria Magdalena verheiratet? Dies wird in Logion 114 nicht angedeutet. Aber im antikirchlichen Flügel der esoterischen Szene von heute ist es üblich geworden, hinter der Kritik des Petrus an Maria von Magdala die petrinische Männermachtkirche als Verfälscherin des wahren Christentums zu sehen. Durch die Funde von Qumran und Nag Hammadi sei den finsteren Großkirchen das historische Fundament entzogen. So beruhen Dan Browns Roman »Sakrileg« und dessen Verfilmung unter dem Titel »The Da Vinci Code« auf einem 1962 erschienenen Buch der Qumranforscherin Barbara Thiering aus Sydney. Danach sei »Jesus von Qumran« mit der jüdischen Nonne Maria M. liiert gewesen. (Auf dem Abendmahlsbild des Leonardo da Vinci liege sie, nicht Johannes, an Jesu Brust.) Dank einer bewusstseinserweiternden Droge, die ihm eine kosmische Vision der Zusammenkrümmung des Alls vermittelt habe, konnte er die Kreuzigung als Scheintoter überleben. Nach seiner Heirat habe er mit Maria M. drei Kinder gezeugt, deren Nachfahren, von Rom verfolgt, noch heute leben würden. Diese sogenannten »Tatsachen« wurden von anderen Esoterikern mittels Kundalini-Yoga-Praxis sowie durch *Channeling* (Befragung) des ägyptischen Gottes Horus »bestätigt«. Die betrügerische Geschichtsschreibung der Kirche sei damit entlarvt. Für all diese Spekulationen gibt »Thomas« keinerlei Anlass. Im Gegenteil, er ist eine überraschend deutliche Bestätigung der Jesusworte in den kirchlichen Evangelien. In der Nachfolgemystik werden Männer wie Frauen zu *Monachoi*.

Dazu tritt nun noch ein weiterer Begriff für die Jüngerschaft: der Zwilling. *Dydimus* (aramäisch: Thomas), der Zwillingsmensch, steht nur in scheinbarem Widerspruch zum *Monachos*, dem Einzelnen. Es könnte sein, dass sich hinter dem Namen Thomas nicht nur der historische Jünger befindet, sondern auch eine idealtypische Figur des Jüngers an sich. So findet sich ja auch im Johannesevangelium nicht nur der Zebedaiden-Sohn Johannes, sondern auch »der Jünger, welchen Jesus lieb hatte« – eine spirituelle Figur, in die jeder oder jede beim Lesen des Evangeliums »hineinschlüpfen« und sich gleichsam beim Abendmahl an Jesu Brust lehnen darf.« »Zwilling« ist jeder Christenmensch, soweit er seinem Meister auf spirituelle oder mystische Weise ähnlich und ebenbürtig werden kann. Die Alte Kirche hat übrigens in dem griechisch-römischen Zwillingspaar *Castor und Pollux*, Söhnen des Zeus (die *Dios-Koren*), die Christusbruderschaft abgebildet gesehen; denn als der sterbliche Zwilling Castor ertrank, stieg der als unsterblich geltende Pollux »aus großer Bruderliebe« freiwillig hinab in das Reich des Todes, um bei seinem Bruder zu sein. Daraufhin wurden beide als Sternbild an den Himmel erhoben.

Eine ganz andere Art von Zwillingsbild kann man in dem berühmten Selbstportrait von *Albrecht Dürer* sehen. Selbstbewusst hat er sich im Jahr 1500 als eine heimliche Christusikone dargestellt. Mit offenem, schulterlangem Haar, mit Bart, mit einer Handgeste, bei welcher der Zeigefinger auf sein Brustbein deutet, wollte er wohl die jesuanische Offenbarungsformel nennen: »Ich bin's!« Ein Zwillingsbruder Jesu? In der Nachfolgemystik wird also der Prozess der Einswerdung als Monachos ergänzt durch den Prozess der Zwillingswerdung. Die tiefenpsychologische Möglichkeit dazu liegt in dem nicht seltenen Phänomen der Zwillingsseelen, in zweigeschlechtlicher Eros-Weise etwa bei Klara und Franz von Assisi. In solchen Verbindungen geht es immer darum, ein gemeinsames künstlerisches, wissenschaftliches oder spirituelles »Werk« zu gründen.

Glaube und Gnosis in der Einswerdung – eine Mystik des Heilsweges

Glaube (*Pistis*) und Erkenntnis (*Gnosis*) scheinen zwei gegensätzliche Erlösungswege zu sein. Der eine wird mehr der traditionellen Kirche zugeordnet, der andere mehr einer alternativen Esoterik. Glauben gilt als blinder Vertrauensakt gegenüber einer metaphysischen, durch Kirchenlehrer vermittelten Wahrheit. Erkennen gilt als eigene unmittelbare Innenerfahrung. Vertreter beider Wege misstrauen sich. Das Johannesevangelium gilt als kirchlich, weil hier der Zugang zu Christus über den Glauben geht. So sagt der Auferstandene zum »ungläubigen Thomas«: »Selig sind, die nicht sehen und doch glauben!« Das Thomasevangelium galt als gnostisch, weil hier Jesus zu Thomas sagt: »Ich bin nicht [mehr] dein Meister, denn du hast selbst getrunken. Du hast dich an der sprudelnden Quelle berauscht, die ich hervorquellen ließ.« (Log 13)

Welcher der beiden Evangelisten wen ergänzend korrigiert, hängt von der Einschätzung ab, welches der beiden Bücher zuerst geschrieben wurde. Elaine Pageis berichtet in ihren biografischen Bemerkungen (S. 38), dass sie, die frustriert aus ihrer Kirche ausgetreten war, ein »Blitzschlag« durchfuhr, als sie bei ihrer wissenschaftlichen Erforschung des »Thomas« in Logion 70 las: » Wenn ihr das verwirklicht, was in euch ist [nämlich das innere Licht], wird das, was in euch ist, euch retten. Wenn ihr es nicht in euch habt, wird euch das, was ihr nicht habt, töten [spirituell absterben lassen].« Pageis meint, die überraschende spirituelle Kraft solcher Aussagen läge darin, dass uns hier nicht vorgeschrieben wird, was wir glauben sollen, sondern dass uns zugetraut wird, selbst zu entdecken, was in uns verborgen liegt.

Sie war damit vom evangelikalen Glauben an den »Christus für uns« (in der Heilsgeschichte draußen) über das Stadium des Nicht-mehr-glauben-Könnens zur Selbsterfahrung des »Christus in uns« gekommen.

Ist Gnosis ein Selbsterlösungsvorgang? Nein. Es handelt sich um einen pfingstlichen Vorgang, bei welchem der Mensch, bildlich gesprochen, das »aktiviert«, was auf der »Festplatte« seiner Seele schon immer »programmiert« oder »gespeichert« war. Dies meint auch der schlichte Satz: »Glückselig, wer schon da war, bevor er wurde.« (Log 19) So kann es zu dem kommen, was alle Mystiker »im Schmecken« erfahren, nämlich dass Innen und Außen identisch werden.

Meister Eckhart sagt in seiner deutschen Predigt über die Gelassenheit: »Das Auge, in welchem ich Gott sehe, ist dasselbe Auge, in welchem mich Gott sieht; mein Auge und Gottes Auge, das ist *ein* Auge und eine Sehkraft und ein Erkennen und ein Leben, ein Lieben.« Novalis schreibt (in Blütenstaub Nr. 17,20): »Das Äußre ist ein in Geheimniszustand erhobnes Innre – vielleicht auch umgekehrt!« Und: »Der Sitz der Seele ist da, wo sich Innenwelt und Außenwelt berühren.« Der Mensch als göttliches Ebenbild ist für den gläubigen Christen und philosophischen Frühromantiker Novalis »das Organ, durch welches beide Welten getrennt und verbunden und geeint werden«. Auch für seinen theologischen Mitbruder Friedrich Schleiermacher ist Religion nicht »leere Mythologie«, nicht »Dogma und Moral« (die beiden »Todfeinde der Religion«), sondern »unmittelbare Anschauung des Universums«, sodass »jeder Anschauende ein neuer ›Priester‹ ist«. Vereinfacht gesagt: Der »rechtgläubige« Heilsweg der Jesusbeziehung läuft so: Für wahr halten – glauben – erkennen – gerettet werden. Der »häretische« Weg dagegen so: Suchen – finden – sehen (innen und außen) – eins werden. (Log 2; 3 und andere)

Sind das zwei sich ausschließende Typen von Spiritualität? Als Kinder waren wir alle Mystiker, meinte Dorothee Sölle. Aber dann machten wir weiter mit »Glauben« an das äußere Wort von Autoritäten und kamen, wenn überhaupt, von da zur eigenen Erfahrung. Gnosis ist übrigens besonders im hebräischen Sinn ein ganzheitliches penetrierendes Er-Fahren, vergleichbar mit der sexuellen Durchdringung. Die Seele wird schwanger, so wie Eva, von der es heißt: Adam »erkannte« Eva, und sie ward schwanger.

Die von Jesus faszinierten Jünger stellen immer erst exoterische, äußerliche Fragen. Jesus geht nie direkt darauf ein. Er will den Weg offenhalten für ihre eigene Suche nach den »esoterischen«, eigentlichen Wahrheiten auf der Innenbühne. Darin besteht seine »Mesoterik«, seine Mittlerschaft, seine »sokratische Geburtshilfe«. Die Jünger fragen beispielsweise, ob Jesus wolle, dass sie fasten, beten, Almosen geben oder koscher essen. Darauf antwortet er ihnen, sie würden sündigen, wenn sie meinten, das sei der Heils- und Heilungsweg. Sie sollten keinen Gegensatz zwischen Innen und Außen entstehen lassen (vgl. Log 6 und 14). Auf die Frage, wie ihr Ende sein würde, antwortet Jesus, sie sollten zuerst mal ihren Uranfang entdecken (vgl. Log 18). Bei der Frage nach Jesu Ursprungsort verweist er auf das Licht im (nicht herzeigbaren) Inneren eines Lichtmenschen, das von da aus in die Welt leuchte (vgl. Log 24). Und auf die Frage nach dem Zeitpunkt der Auferstehung der Toten, antwortet er, sie sei schon gekommen, aber die Jünger würden sie nicht erkennen (vgl. Log 51). Als die Jünger danach fragen, ob schon die Propheten Israels durch Jesus gesprochen hätten, antwortet er: »Ihr habt den Lebendigen nicht beachtet, der vor euren Augen ist, und von den Toten gesprochen.« (Log 52) Und auf die Frage: »Wer bist du, dass du uns all diese Dinge sagst?«, antwortet Jesus: » Ihr versteht nicht, wer ich bin, durch das, was ich zu euch sage?« (Log 43). Schließlich wollen die Jünger wissen, wer Jesus sei, damit sie an ihn glaubten, und Jesus antwortet: »Ihr untersucht das Antlitz von Himmel und Erde, aber ihr erkennt den nicht, der vor euch steht.« (Log 91)

Diese Beispiele zeigen: Jesus führt mystagogisch von außen weg sofort nach innen. »Wer Ohren hat zu hören, der höre!« (Log 24)

Das meint: Benützt euer inneres Gehör, eure Sehnsucht, Empfänglichkeit, spirituelle Kreativität, Wahrhaftigkeit, Unbedingtheit.

Wie steht es dann aber mit den Heilstatsachen der Heilsgeschichte? Und warum kommt »Thomas« ohne Passions- und Ostergeschichte aus? Nur ein einziges Mal taucht das Wort »Kreuz« auf, jedoch nicht in seiner metaphysischen Heilsbedeutung, sondern »nur« in seiner existenziellen Konsequenz als Verfolgungsleid des Menschen, der den Totalansprüchen der weltlichen Mächte widersteht. Wer nicht seine Herkunftsfamilie hasst [nämlich deren unfrei machende symbiotische Ansprüche] und nicht sein Kreuz trägt wie Jesus, kann nicht sein Schüler sein (vgl. Log 55). Die Freiheit bei Jesus, dieses Heil der Seele, kostet einen Preis. »Glückselig der Mensch, der gelitten hat, und Leben darin gefunden!« (Log 58)

Einmal, auf dem Weg nach Jerusalem (zum Passamahl?), identifiziert sich Jesus spontan und geheimnisvoll mit einem Lamm, das von einem Mann gerade zum Schlachten weggeführt wird: »Solange es lebt, wird er es nicht essen, sondern erst, wenn er es getötet hat.« (Log 60) Eine ähnliche Andeutung enthält ein anderes biblisches Bild (Log 66): »Zeigt mir den Stein, den die Bauleute weggeworfen haben. Er ist der Eckstein.« Jesus und auch seine Jünger rechnen also damit, dass Jesus verworfen und irdisch nicht mehr zu finden sein wird (Log 38). Sie sollen sich dann seinem leiblichen Bruder Jakobus dem Gerechten anschließen (Log 12). Oder deutet Logion 13 insgeheim an, dass die leitende Figur eigentlich Thomas sein sollte? All diese Spurenelemente von einer Passionsgeschichte schweigen über die Kreuzigung Jesu und deren Heilsbedeutung, an die man glauben müsse. Dennoch könnte man aufgrund einiger Logien ein Lebensopfer Jesu erschließen. Aber was für ein Opfer? Die englische Sprache differenziert den Begriff »Opfer« genauer als die deutsche. Ein Opfertod Jesu könnte verstanden werden als *victim*, als unschuldiges Blutopfer in einem politischen oder religiösen Totalsystem, oder als *offering*, als Geschenk der Selbsthingabe eines spirituellen Lehrers (in etwa vergleichbar mit dem Tod des Sokrates); aber keinesfalls als *sacrifice* im Sinne von *satisfaction*, als stellvertretendes Sühnopfer für einen Gott mit den heidnischen Zügen eines beleidigten und nicht leidensfähigen Wesens. Spricht doch auch das Johannesevangelium von einem Lamm *Gottes* »für euch« und nicht von einem Lamm der *Menschen* »für Gott«! »Thomas« aber kennt kein Logion, in welchem Jesus die Opfersprache spricht.

Wie verhält sich dazu die Erlösungstheologie des Judasevangeliums? Sie ist völlig anders und extrem gnostisch. Hier ist Judas Iskariot der Lieblingsschüler Jesu. Sein Verrat ist ihm als Wille Gottes von Jesus um des Heiles willen aufgetragen worden. Jesus kann dadurch seine leibliche Hülle verlassen und in das Reich seines Vaters eingehen. Dieser Vater ist nicht der Gott Israels, wie die anderen Jünger irrtümlich glauben. Der Schöpfergott ist nur eine nachrangige Gottheit, dessen Schöpfung höchst unvollkommen und zwielichtig ist. Auf die Frage des Judas, was der Lohn für seinen Verrat sein werde, sagt Jesus, diese Welt werde ihn dafür nur hassen und verdammen. Das Judasevangelium endet mit einer Prophetie, in der Jesus den Untergang dieser minderwertigen materiellen Welt mitsamt dem alttestamentlichen Gott ankündigt. Erst der Verrat des Judas ermöglicht diesen Untergang und den Beginn des Königreiches. Diese Deutung des 62-seitigen Judasevangeliums ist aber derzeit noch umstritten, da der 1978 in Mittelägypten entdeckte koptische Text in Hunderte von kleinen Fragmenten zerfallen war und nur zu neunzig Prozent rekonstruierbar ist. Die Handschrift stammt aus dem 4. oder 5. Jahrhundert, der verlorene griechische Urtext war aber schon um 160 n. Chr. bekannt, denn Irenäus von Lyon (um 180) bekämpft ihn als gnostische Ketzerei.

Unser Thomasevangelium hat mit dieser Erlösungslehre nichts gemein. Es schweigt sich ja über eine Heilsbedeutung des Todes Jesu aus. Umso deutlicher spricht es von jenem »Stirb und Werde«, in welchem das blinde Ego abstirbt und das sehende wahre Selbst des

Menschen erwacht. »Johannes« sorgt dafür, dass das Paschamysterium von Tod und Auferstehung historisch im Außen »für euch« stattfindet (Glaube). »Thomas« sorgt dafür, dass es innerseelisch und existenziell »in uns« stattfindet (Gnosis). Denn, frei nach Angelus Silesius: Was hülfe es uns, wenn Christus tausendmal unter Pontius Pilatus in Jerusalem gekreuzigt und auferstanden wäre und nicht in uns – wir wären noch ganz in unserer Heillosigkeit.

Die große Frage bleibt: Kann das schmerzliche und herrliche Heilsdrama der Befreiung, Erlösung, Heiligung und Transformation des Menschen schon durch die innere Erkenntnis und äußere Befolgung der spirituellen Worte Jesu des Lebendigen geschehen? Oder braucht es dazu auch die Nachricht über ein objektives historisches Ereignis? Die Matthäus-Passion von Johann Sebastian Bach verbindet beides: Da ist der ergreifende Bericht des Evangelisten über die historischen Fakten der Kreuzigung. Hier spricht der Glaube. Und da sind die Arien und Choräle der vom Erlöser ergriffenen Seelen. Hier spricht die Gnosis. Können wir auf diese Verbindung verzichten?

Der thomasianische Jesus vereint beides im Logion 82, wo er sich als ein für ihn und uns schmerzliches Läuterungsfeuer bezeichnet:

Wer mir nah ist,
der ist dem Feuer nah.
Und wer fern von mir ist,
der ist fern vom Königreich.

Zweiter Teil

Betrachtungen der 114 Jesusworte des Thomasevangeliums

Das sind die geheimen Worte,
die Jesus der Lebendige gesprochen
und die Didymus (der Zwilling) Judas Thomas
niedergeschrieben hat.

Geheimbeziehung der Seele

Soll man geheime Worte veröffentlichen?
Worte, die Jesus der Lebendige
vor und nach seinem Kreuzestod
im engsten Schülerkreis sprach?
Kosmische Worte des Geistchristus –
darf man sie dem allgemeinen Missverständnis ausliefern?
Muss sie der Zweiflerthomas in uns nicht als Unsinn abtun?
Kann sie wirklich nur der Zwillingsthomas in uns verstehen?

Die sich öffnenden Worte des für immer Lebendigen hören,
sie als Herausforderung annehmen,
eine persönliche Antwort wagen,
ein vorläufiges Verstehen weitergeben,
Umsetzungen ins Leben ausprobieren –
das kann jeder, ob Theologe oder Laie,
ob Christ, ob Agnostiker, ob Buddhist, Jude oder Moslem.

Er sagte:
Wer den Sinn dieser Worte ergründet,
wird den Tod nicht schmecken.

1

Erkenntnis ist Geschmack des Lebens

So viel und so wenig verstehe ich:
Wer mit seinen Kopfgedanken
bei der dogmatischen und moralischen Bedeutung
dieser Worte der göttlichen Weisheit stehen bleibt,
der bleibt in der Welt des Todes.
Wer den Weg des Vertrauens wagt,
wer den Verstand seines Kopfes
dem Verstand seines Herzens einordnet,
der kann mit diesen Worten
die tödlich-kalte Welt der Berechnungen überschreiten
und schmeckt das Leben selbst.

Verwandte Texte: Lk 11,28; Joh 5,24f; 8,51f; Log 79

2

Jesus sagte:
Wer sucht,
soll nicht aufhören mit der Suche,
bis er findet.
Und wenn er findet,
wird er bestürzt sein,
wenn er bestürzt ist,
wird er staunen,
und er wird das All regieren.

Verwirrt von der Liebe

So viel und so wenig verstehe ich:
Hör nicht auf mit dem Suchen;
es hat kein Ende.
Und hör nicht auf mit dem Finden;
es hat kein Ende.
Im Suchen wie im Finden scheitert mein Verstand,
und so versinkt er im Staunen,
und im Staunen taucht auf
die Großmacht der Ohnmacht,
die allmächtige gewaltlose Liebe.

Verwandte Texte: Mt 7,7f; Spr 8,17; Log 92; Log 94

3

Jesus sagte:
Wenn eure Führer sagen:
Seht, das Königreich ist am Himmel!,
dann werden die Vögel des Himmels vor euch dort sein.
Wenn sie euch sagen: Es ist im Meer!,
dann werden die Fische vor euch dort sein.
Aber das Königreich ist in euch
und (zugleich) außerhalb von euch.
Wenn ihr euch selbst erkennt, dann seid ihr erkannt,
und ihr werdet begreifen,
dass ihr die Kinder des lebendigen Vaters seid.
Aber wenn ihr euch nicht erkennt,
dann werdet ihr verarmen, ja, dann seid ihr selbst Armut.

Aufhebung des Dualismus von Innen und Außen

So viel und so wenig verstehe ich:
Wenn ich das Reich des Königs der Liebe in mir gefunden habe,
dann werde ich es auch in der Erde,
im Meer und im Himmel finden,
in jedem Stein, in jeder Welle und in jedem Stern;
aber auch im Erdbeben, in der Überschwemmung
und in jeglichem Schicksal,
und jedenfalls in jedem Menschen ohne Ausnahme.

Wenn ich aber das Reich des verliebten Königs nicht in mir finde,
dann bin ich arm dran,
und mein Reichtum ist leer und gibt keinen Sinn.

Verwandte Texte: Lk 17,20f; Log 51; Log 113

4

Jesus sagte:
Ein alter Mensch wird in seinem Alter nicht zögern,
ein sieben Tage altes Kind
über den Ort des Lebens zu befragen,
und er wird leben!
Denn viele, die Erste sind, werden Letzte sein,
und sie werden eins sein.

Aufhebung des Dualismus von Gestern und Morgen

So viel und so wenig ahne ich:
Als ich sieben Tage alt war,
war für meine Entfaltung schon alles in mir
im Keim vorhanden:
mein Verstand, mein Wille, mein Geschlecht.
Heute bin ich siebzig,
und es ist für meinen Übergang schon alles
im Keim vorhanden und noch kaum entwickelt:
meine Seligkeit und meine Herrlichkeit,
Erkenntnis ohne alle Spiegel,
Vereinigung mit dem einzigartig Einen –
geliebt und gepriesen sei Er –
und meine Einung
mit dem Ersten und mit dem Letzten, mit dem All.
Diesen Keim, den ahne ich
in jedem plötzlichen Hier und Jetzt,
ich spüre seine Arbeit, seine Zukunft.

Verwandte Texte: Mk 10,13ff; Mk 10,31; Log 22

5

Jesus sagte:
Erkenne das, was direkt vor dir liegt,
so wird dir das, was verborgen ist, offenbar werden.
Denn es gibt nichts Verborgenes,
was nicht enthüllt werden wird.

Aufhebung des Dualismus von verborgen und offenbar

So viel und so wenig verstehe ich:
Wenn ich das nicht wahrnehme, was sichtbar um mich ist,
wie könnte ich wahrnehmen, was dahinter liegt und unsichtbar ist!
Aber schaue ich nur nach innen, nehme ich Wahn für wahr
und verkenne die geheime Entsprechung
des Sinnlichen und des Verborgenen.
Denn das geistige Auge liegt in der Mitte
zwischen meinen sinnlichen Augen.

Und so lernte ich bei deinem Schüler,
dem Meister von Hochheim, der in der Tiefe daheim ist:
»Das Auge, in dem ich Gott sehe,
das ist dasselbe Auge, darin mich Gott sieht;
das ist ein Auge und ein Sehen
und ein Erkennen und ein Lieben.«
(Meister Eckhart)

Verwandter Text: Mk 4,22

6

Seine Jünger fragten ihn:
Willst du, dass wir fasten?
Wie sollen wir beten?
Sollen wir Almosen geben?
Welche Speiseregeln sollen wir einhalten?
Jesus sagte:
Lügt nicht und tut nichts, was ihr hasst.
Denn im Angesicht des Himmels sind alle Dinge klar,
und es gibt nichts Verstecktes,
was nicht sichtbar werden wird,
und nichts Verborgenes,
was nicht aufgedeckt werden wird.

Offene statt religiöse Lebensweise

Ich begreife plötzlich:
All die religiösen Gewissensfragen
sind wie gefälschte schwere Priesterkleider,
mit denen ich mich vor dem offenen Himmel verstecke.
Es ist so einfach, einfach nackt und bloß zu sein wie Liebende.
Die heimlichen Beweggründe des schlechten Gewissens
verbergen mein wahres Bedürfnis:
die Liebe zu lieben ohne Scham.

Verwandter Text: Mt 6,1ff

7

Jesus sagte:
Glücklich der Löwe,
wenn der Mensch ihn verspeist,
denn so wird er zum Menschen.
Und verflucht der Mensch,
den der Löwe frisst,
denn so wird der Mensch zum Löwen.

Aufhebung des Dualismus von Lehrer und Schüler

Ich, der Schüler, der Ungebildete, der Wilde, bin der Löwe.
Du, Meister, bist der entwickelte, vollendete Mensch.
Der Schüler will vom Meister überwältigt werden.
Wie geschieht das?
Wenn das ungezähmte Ich in mir ausgehungert wird
und mein wahres Selbst vom Lehrer ernährt wird
und in ihn übergeht.
In dieser Schule, o Meister, gelingt unsere Menschwerdung.

Heilige Mahlzeit,
Sakrament des Menschen, selige Verwandlung!
Glücklich, wer sich schon im Übergang der Verwandlung befindet.
O Meister der Menschwerdung,
bewahre mich vor dem fressenden Tier in mir!
Schlimm wäre es, wenn wir mit fremden Indoktrinationen
wie wilde Tiere über deine Worte herfielen,
sie auseinandernähmen und vertilgten.
Heillose Mahlzeit,
Sakrament des Löwen, unselige Verwandlung!

Verwandte Texte: 1 Petr 5,8; 1 Kor 15,54; 2 Kor 5,4

8

Und er sagte:
Der Mensch gleicht einem weisen Fischer,
der das Netz in die See auswarf.
Er zog es aus der See voller kleiner Fische
und unter ihnen fand er einen schönen großen Fisch.
Er warf all die kleinen Fische ins Meer zurück
und zögerte nicht, den großen Fisch zu behalten.
Wer Ohren hat zu hören, der höre!

Der Fisch des Lebens

Ja, ich höre dich, einzig großer und guter Fisch!
Du hast mich zum Fischer gemacht,
denn du wolltest von mir gefangen werden.
Der Glückliche, der dich gefischt hat,
erkennt die hundert Wichtigkeiten als Nichtigkeiten.
Wer aber sich im Kleinlichen festhält,
verzettelt sein Leben und hat am Ende nichts.

Verwandter Text: Mt 13,47f

9

Jesus sagte:
Seht, der Sämann ging aus,
nahm eine Handvoll Samenkörner und streute sie aus.
Einige fielen auf die Straße;
die Vögel kamen und pickten sie auf.
Andere fielen auf Felsgrund,
schlugen keine Wurzeln im Erdreich
und brachten keine Ähren hervor.
Andere fielen unter Dornen;
die erstickten die Saat und Würmer fraßen sie.
Und andere fielen auf gutes Erdreich
und brachten gute Früchte hervor:
sechzig Maß und hundertzwanzig Maß.

Das Nichts und die Fülle

Erst im Alter sehe ich es:
Du bist frühzeitig mit gefüllter Hand
über meinen armseligen Herzensgrund geschritten
wie über den widrigen Grund der Welt
und hast schwungvoll gesät und gesät immer und überall.
Wie unbereitet und ungeeignet war ich dir,
doch du achtetest nicht darauf,
du vertrautest deiner Erde –
und staunend sehe ich:
Wir bringen zwar erst halben Ertrag,
und du siehst schon doppelten Ertrag.

Verwandter Text: Mk 4,1ff

10

Jesus sagte:
Siehe, ich habe Feuer auf die Erde geworfen
und ich bewache es,
bis es auflodert.

Eine Welt in Flammen – nicht des Gerichts, sondern der Liebe

Schon lieben wir,
aber erst in kleiner Flamme.
Mächtig könnte sie auflodern,
wenn wir uns dir ganz als Brennstoff gäben.
Hüte uns unter unserer Asche
bis zum vollen Jetzt und Hier!
Scheitholz und Feuer bedürfen einander
und werden ganz eins.

Verwandter Text: Lk 12,49f

11a

Jesus sagte:
Dieser Himmel wird vergehen
und der, der über ihm ist, wird auch vergehen.
Die Toten sind nicht lebendig,
und die Lebenden werden nicht sterben.
In den Tagen, in denen ihr Totes verzehrt habt,
habt ihr es lebendig gemacht.

Zeit der Erde

Es gibt eine Zeit, da konsumieren wir nur materiell,
und so beseelen wir die materielle Welt,
bis sie sich verselbstständigt,
sodass uns über den Kopf wachsen
die gespaltenen Atome
und die rechnenden Maschinen
und die gezüchteten Gene
und die scheinlebendigen Bildschirme –
an dem allen werden wir krank,
es sterben zuerst unsere Seelen, dann auch unsere Körper.
Diese Zeit ist noch und ist doch schon im Vergehen,
denn sie hat kein wahres Leben in sich.

Aber alle, die umkehren und den Kult des Todes überleben,
werden sich alles Tödliche dienstbar machen,
»und wenn sie etwas Tödliches trinken,
wird es ihnen nicht schaden« (Mk 16,18).

Verwandte Texte: Lk 9,60; Log 111; 1 Kor 15,54; 2 Kor 5,4

Wenn ihr erleuchtet seid,
was werdet ihr dann tun?
An jenem Tag, als ihr eins gewesen seid,
habt ihr euch entzweit.
Aber was werdet ihr tun,
wenn ihr entzweit seid?

11b

Zeit des Himmels

Jesus, du fragst uns. Wir müssen eine Antwort finden.
Immer, wenn ich mir vorkomme, als sei ich ein einsames Ich,
dann ist mir die Welt gespalten in Ich und Du,
in Drinnen und Draußen, in Himmel und Erde,
in Freund und Feind, Subjekt und Objekt.

Wenn ich aber im Licht bin,
dann bin ich nicht mehr ein entzweiter Zweifler,
sondern Zwillingsseele mit dir.
Dann erkenne ich: Du und ich, wir sind adelphinisch
aus demselben Delphys[1] des Vaters gekommen.
Und soweit ich mich als dein Didymus kenne,
soweit erscheint mir die Welt nicht mehr gespalten,
sondern wie sie in Wahrheit ist: als eins in dir.

Was also werde ich tun?, fragst du.
Es gibt eine Stufe, da bin ich allein
in meiner monadischen Einsamkeit,
traurig wie Adam unter den Tieren.
Und es gibt eine Stufe, da bin ich
im göttlichen Tiefschlaf zwei geworden,

wie Adam mit Eva, seiner hellwachen Gegenüberin.[2]
Was aber nun? Was werde ich tun?
Ich will weiter, weiter will ich.
Ich suche die Zwillingsseele, Jesus genannt, immer aufs Neue,
und wer dich findet, immer aufs Neue,
dem wird alles zu einem:
Leben und Tod, Licht und Finsternis,
Gut und Böse, Gott und Welt,
du und ich, ich und du.
Und im selben Maße werde ich aufhören zu spalten
und anfangen zu versöhnen,
werde ich aufhören zu verdrängen
und anfangen heimzuholen.
Das werde ich tun. Ich fange schon an.
Denn ich liebe.
Und wenn ich zurückmuss
in die immer noch scheinbar gespaltene Welt,
so bleibe ich doch in deiner Liebe, die alles eint.
Ist das nicht die Zeit des Himmels, die nie vergeht?

Verwandte Texte: Gen 1,26f; Gen 2,21ff; Log 22

[1] *Delphys* = *uterus*, Gebärmutter, ursprünglich: Fischbauch. *Adelphos* = Bruder, der aus demselben Uterus Gekommene (die Vorsilbe a- hier nicht negativ ein *alpha privativum*, sondern positiv ein *alpha conjunctionis*).

[2] Das hebräische Wort in Gen 2,18, das Luther mit »Gehilfin« übersetzt, meint wörtlich: ein »Gegenüber-Angesicht«.

12

Die Jünger sagten zu Jesus:
Wir wissen, dass du uns verlassen wirst.
Wer soll dann unser Führer sein?
Jesus sagte zu ihnen:
Wo auch immer ihr seid,
geht zu Jakobus dem Gerechten.
Die Dinge von Himmel und Erde gehören ihm.

Vermittlungsnot

Du machst uns aufmerksam auf den Stand unserer geistigen Entwicklung.
Du siehst es ganz nüchtern, ein wenig traurig, aber ohne Vorwurf:
Wir werden also zu deinem leiblichen Bruder, zu Jakobus dem Gerechten, oder irgendeinem anderen Oberhaupt gehen, im Gehorsam
gegenüber der Organisation und wegen unserer Leitungsbedürftigkeit.
Und wir werden nicht zu Jakobus dem Gerechten
oder irgendeinem anderen Oberhaupt gehen,
im Glauben an deine Inspiration und wegen unsrer Mündigkeit.

Und wir werden doch zu Jakobus dem Gerechten
oder irgendeinem anderen Oberhaupt gehen,
als bräuchten wir es nicht,
nur aus dem Grund der Liebe und der Freiheit.
Hast du denn einen anderen Stellvertreter auf Erden
als den Parakleten, den Beistand, den Heiligen Geist,
den du uns eingehaucht hast und der allein zuständig ist
für die Angelegenheiten von Himmel und Erde?[3]

Verwandte Texte: Gal 1,19; 2,9; Mk 9,33f

[3] Vgl. Martin Luthers späte Resignation (Tischrede): Wenn ich noch einmal anzufangen hätte mit dem Evangelium, dann würde ich die große Menge des Volkes *sub papam relinquere* (unter dem Papst belassen) und nur den angefochtenen Gewissen mit dem Evangelium *clam succurrere* (heimlich zu Hilfe eilen).

13

Jesus sagte zu seinen Jüngern:
Vergleicht mich und sagt mir, wem ich gleiche.
Simon Petrus sagte zu ihm:
Du bist wie ein gerechter Engel!
Matthäus sagte zu ihm:
Du bist wie ein weiser Philosoph!
Thomas sagte zu ihm:
Meister, mein Mund ist völlig unfähig zu sagen,
wem du gleichst.
Jesus sagte:
Ich bin nicht dein Meister,
denn du hast selbst getrunken.
Du hast dich an der sprudelnden Quelle berauscht,
die ich hervorquellen ließ.
Und er nahm ihn zur Seite
und sagte ihm drei Worte.
Als Thomas zu seinen Gefährten zurückkehrte,
fragten sie ihn:
Was hat Jesus zu dir gesagt?
Thomas sagte zu ihnen:
Wenn ich euch eins der Dinge sage,
die er mir gesagt hat,
werdet ihr Steine aufheben
und sie auf mich werfen,
und Feuer wird aus den Steinen sprühen
und euch verbrennen.

Unmittelbarkeit

Ich höre, wie du zum Zwilling sagst:
Ich bin nicht mehr dein Meister,
wir sind zusammen ein Meister,
wir trinken aus derselben Quelle.

Ich glaube, dass du jeder Zwillingsseele
unter vier Augen eines Tages drei Worte sagst:
Nun bist du wesensgleich mit mir geworden
und darum wesensgleich mit dem Vater
und wesensgleich mit dem Geist.
Oder gar nur dreimal drei Wörter:
Du in mir.
Ich in dir.
Wir sind eins.

Ich verstehe,
ich bin dann unvergleichlich
wie du
und weiß:
Vergleichen ist Hochmut,
Demut aber erkennt:
Alles ist unvergleichlich.

Verwandte Texte: Mk 8,27ff; Joh 4,13ff; Gal 2,20; Log 12; Log 108

14

Jesus sagte zu ihnen:
Wenn ihr fastet,
werdet ihr euch nichts als Sünde schaffen;
und wenn ihr betet,
werdet ihr verdammt werden;
und wenn ihr Almosen gebt,
werdet ihr eurem Geist Schaden zufügen.
Wenn ihr irgendein Land betretet
und seine Gebiete bereist und man euch aufnimmt,
dann esst, was man euch vorsetzt
und heilt die Kranken unter ihnen.
Denn das, was in euren Mund hineingeht,
wird euch nicht besudeln;
aber das, was eurem Mund herauskommt,
das wird euch besudeln.

Falsche und echte Reinheit

Von klein auf habe ich Guterzogener die Reinheit geliebt
und jegliche Unreinheit gescheut.
Du weißt es, Jesus, ich war ein Gewissensmensch.
Und doch haben mich Religion und Moral
mit ihren Verboten und Verheißungen verführt,
ichhaft zu fasten, ichhaft zu beten, ichhaft zu opfern.

Du aber sagst uns:
Lasst die Welt von Lob und Tadel,
von Tabu und Tabubruch hinter euch!
In meiner Welt, aus meiner Sicht,
könnt ihr essen und trinken nach Herzenslust,
was man euch vorsetzt.
Und ihr könnt alle Gesetze übertreten,
wenn es um die Liebe geht.
Und in meiner Welt könnt ihr
eure innere Sonne selbstvergessen strahlen lassen
auf die Kranken, die euch begegnen,
und auf die Verächter, die euch schmähen,
und auf die Unreinen, die man ausgeschlossen hat.

Verwandte Texte: Mt 6,1ff; Mk 7,15; Lk 10,8ff

15

Jesus sagte:
Wenn ihr denjenigen seht,
der nicht von der Frau geboren wurde,
dann werft euch aufs Antlitz
und betet ihn an.
Dies ist euer Vater!

Kein Jesuskult

Jesus, du aus dem Schoß einer Frau Gekommener wie wir alle,
wie Mose und wie Mohammed und wie Buddha,
wenn wir dich sehen, sehen wir den Vater,
der ohne Vater und Mutter ist.
Dennoch willst du nicht, dass wir dich anbeten,
vielmehr willst du uns das Auge öffnen
für den unsichtbaren Urschoß, aus dem alles hervorgeht,
für die höchste Macht im Universum,
die Liebe, die uns alle geboren hat.

Und so lässt du uns sehen
unsere irdische Zeugung im Schoß unsrer Mutter
und unseren ewigen Ursprung im göttlichen Schoß des Vaters.
Und so erscheinen wir, wie auch du,
nicht nur als Kreaturen unserer Eltern,
sondern als Kinder des Höchsten.
Grund genug, uns niederzuwerfen und anzubeten
in der ungeborenen Unsichtbarkeit des Ewigen.

Verwandte Texte: Gal 4,4; Joh 1,18; Joh 10,30; Joh 14,8

16

Jesus sagte:
Die Menschen denken vielleicht,
ich sei gekommen, um Frieden auf die Erde zu bringen.
Sie wissen nicht, dass ich gekommen bin,
um Zwiespalt, Feuer, Schwert und Krieg
auf die Erde zu bringen.
Denn wenn fünf in einem Hause sind,
dann werden drei gegen zwei
und zwei gegen drei sein,
der Vater gegen den Sohn,
der Sohn gegen den Vater.
Und sie werden als Einsame[4] dastehen.

Der letzte Krieg und der letzte Friede

Das weiß ich wohl:
Wenn die Stunde der Freiheit gekommen ist,
hat das letzte Stündlein geschlagen
für Bevormundung und Unmündigkeit.
Vater oder Sohn, Mutter oder Tochter, Mann oder Frau
gehorchen nicht mehr
falschen Ansprüchen und falschen Bindungen.
Das ist der äußere Befreiungskrieg.

Der ist eine Folge des inneren Befreiungskrieges:
Jeder mit sich selbst Einsgewordene,
jeder vor dem himmlischen Vater mündig Gewordene
ist geprüft im spirituellen Krieg gegen das selbstische Ich,
befreit durch das Schwert der Unterscheidung der Geister,
geläutert durch das purgatorische Feuer der Umkehr,
erlöst von der Verblendung durch Bilder und Projektionen.

Das macht aus zweien eins
und aus dreien eins
und aus fünfen eins,
wenn jeder
mit sich selbst eins geworden ist
als Monachos Jesu.
Ein solcher Mönch der Liebe möchte ich werden
inmitten von Ehe und Familie,
zwischen den Fronten der Nationen und Konfessionen.
Du in mir bist es,
der mich recht trennt
und recht verbindet.
Und so stehe ich da als einer,
der einsam ist wie du
und Zugang hat zu vielen.

Verwandter Text: Lk 12,51ff

[4] Andere Lesarten: als Einsgewordene (R) / als Einzelne (N) / allein (D)

17

Jesus sagte:
Ich werde euch das geben,
was noch kein Auge je gesehen,
kein Ohr je gehört
und keine Hand je berührt hat
und was noch nie zuvor
aus dem menschlichen Geist entsprungen ist.

Das nicht machbare Mysterium

Ich frage:
Was mag das für eine Gabe sein,
so neuartig und einmalig und jenseitig in der Welt?
Es kann kein Charisma sein,
denn die Begabungen kennen wir und haben wir schon.
Es kann keine Geistesfrucht sein,
denn selbst die Feindesliebe kennen und leben wir schon.
Es kann keine Beziehung sein,
denn wir sind schon mit dir verbunden.
Aber es könnte eine Beziehung sein,
die ist ununterbrochene Kommunikation,
und die Kommunikation ist Kommunion,
und die Kommunion ist Union,
und die Union ist das Sakrament des Universums,
ist die Aufhebung des Todes
und die Aufhebung der Sünde
und die Aufhebung der Gegensätze
je und je und immer.

Verwandte Texte: 1 Kor 2,9; Jes 64,3

18

Die Jünger sagten zu Jesus:
Sag uns, wie unser Ende sein wird!
Jesus sagte:
Habt ihr denn schon den Anfang entdeckt,
dass ihr nach dem Ende fragt?
Denn wo der Anfang ist,
da wird auch das Ende sein.
Glückselig, wer ein Anfänger bleibt.
Denn er wird das Ende erkennen
und den Tod nicht schmecken.

Das Mysterium des ersten Anfangs

Die Seligkeit steht also am Anfang.
Stünde sie am Ende, müsste man an ihr zweifeln.
Der Anfang ist schon das Ende.
In der enthüllten Anfangsgestalt
kann man die Vollendung des Torsos erschauen.

Du bist über die Brücke des Heute gekommen,
uns abzuholen in die Gewahrsamkeit der Gegenwärtigkeit.
Der Anfang der Brücke heißt Hier,
und das Ende der Brücke heißt Jetzt.
Unter uns schäumen die Wasser
des vergänglichen Todes.

Verwandte Texte: 1 Kor 2,9; Log 50

19

Jesus sagte:
Glückselig, wer schon da war,
bevor er wurde.
Wenn ihr meine Jünger werdet
und auf meine Worte hört,
werden euch diese Steine dienen.
Denn im Paradies gibt es für euch fünf Bäume,[5]
die unerschüttert bleiben Sommer wie Winter,
und ihre Blätter fallen nicht ab.
Wer sie kennt, der wird den Tod nicht schmecken.

Zum Baum des Lebens werden

Wenn ich zu deinen Schülern gehöre,
kann ich ahnen, dass auch ich
paradiesisch schon war, ehe ich irdisch wurde.
War ich nicht glücklich
im göttlichen Schoß der Präexistenz aller Seelen,
bevor ich Fleisch wurde und unglücklich,
bis ich dich fand und überglücklich
mich in dir wiedererkannte?

Jetzt scheinen mir auch die Steine,
ja alles Tote beseelt zu sein;
denn wir sahen dich am toten Holz.
Da standest du
unbewegt wie der fünfmal gepunktete Ypsilonbaum.
An fünf Stellen blühten deine Wunden:

am Haupt wegen der Schwere der Krone,
am Herzen wegen der Schwerkraft der Liebe,
an den ausgebreiteten Händen vom fließenden Segnen,
an den gekreuzten Füßen von der wurzelhaften Geduld.
Nun gleichen alle, die in unserer Welt stigmatisiert wurden,
deinem paradiesischen Baum.
Wir tragen körperliche und seelische Wunden,
soziale und politische Wunden
und die spirituelle Wunde.
Es sind Vorzeichen des wiederkehrenden Paradieses.

Verwandte Texte: Jer 1,5; Joh 8,52; Offb 22,2

[5] Nach Ruysbeck/Messing bedeuten die fünf Bäume im Paradies die fünf Gliedmaßen des ursprünglichen Menschen, die im Lebensbaum des Paradieses vereinigt werden. Nach K. Berger bedeuten sie die fürf Bücher Moses (S. 651).

20

Die Jünger sagten zu Jesus:
Sag uns, was dem Himmelreich gleicht!
Er sagte zu ihnen:
Es gleicht einem Senfkorn,
dem kleinsten aller Samen.
Aber wenn es auf bestellten Ackerboden fällt,
erwächst daraus eine große Pflanze
und wird zur Zuflucht für die Vögel des Himmels.

Das Kleine ist nicht klein

Unglaublich!
Diese universale grenzenlose göttliche Welt
hat sich winzig klein gemacht
und ist auch in meinen armseligen Seelenschoß gefallen,
und keimt ohne mein Zutun,
bis ein Schössling aus dunkler Erde
zurück zum lichten Himmel wächst –
und dies milliardenfach in allen Seelen –,
bis die eine Menschheitsseele vollendet ist.
Unglaublich!
Ich glaube, Herr, hilf meinem Unglauben!

Verwandter Text: Mk 4,30ff

21a

Maria sprach zu Jesus:
Wem gleichen deine Jünger?
Er sagte:
Sie sind wie Kinder
die sich auf einem Feld niedergelassen haben,[6]
das nicht ihnen gehört.
Wenn die Besitzer des Feldes kommen,
werde die sagen:
Lasst uns unser Feld zurückhaben![7]
Dann werden sie
in der Gegenwart [der Besitzer] nackt dastehen,[8]
um ihnen das Feld zu überlassen und zu geben.

Loslassen

Jesus, deine vertraute Freundin aus Magdala fragt dich,
wie sich deine Jünger in dieser Welt verstehen sollen.
Da schilderst du uns die künftige Identität deiner Kirche,
der Ekklesia: weltlich und zugleich geistlich zu sein,
kindlich und erwachsen zugleich.

Wie kann deine Jüngerschaft das Ackerfeld Adams loslassen
und wieder paradiesisch nackt, neu naiv,
sorglos und anspruchsfrei werden?
Und wie kann deine Jüngerschaft zugleich hellwach, scharfsichtig,
kämpferisch ihre geistlichen Güter und Gaben bewahren?

Wenn wir in der Taufe unsere alten Rollen ausziehen
und wieder die unschuldige Nacktheit Adams anziehen,
sind wir entweder entwaffnend wie die Kinder
und es fällt uns ein großes Feldstück dieser Welt
als Weltverantwortung zu –
oder wir überlassen das dornig-verfluchte Feld Adams
den Herren dieser Welt.

Verwandte Texte zur Nacktheit: 2 Kor 5,1–4; Kol 3,9

[6] Andere Lesart: Sie sind wie Sklaven, denen ein Feld anvertraut ist (B)

[7] Andere Lesart: Her mit unserem Feld! (D)

[8] Andere Lesart: Sie [die Kinder] ziehen sich nackt vor ihnen aus (B)

Deshalb sage ich:
Wenn der Hausherr weiß,
dass der Dieb kommen wird,
wird er auf der Hut sein,
bevor der Dieb kommt.
Er wird ihn nicht in das Haus,
dessen Herr er ist, eindringen lassen,
um seine Güter davonzutragen.
Ihr aber seid auf der Hut vor der Welt!
Gürtet die Lenden mit großer Kraft,
damit die Räuber keinen Weg finden,
um zu euch zu kommen.
Denn den Vorteil,[9]
auf den ihr aus seid,
werden sie gewiss aufspüren.
Möge doch unter euch ein kluger Mann sein![10]
Als die Frucht reif war,
kam er sofort
mit der Sichel in der Hand
und erntete sie.
Wer Ohren hat zu hören, der höre!

Bewahren

Zieht sich deine Kirche, die Ekklesia,
also in ihr geistliches Haus zurück,
um ihre himmlischen Güter zu bewahren,
dann müssen die Jünger hellwach und kritisch sein
im Blick auf die Plünderer.
Denn wenn die Ekklesia selbst
zu einer vermögenden Herrin geworden ist
und sich mit ihrem Besitz in staatlich garantierter Sicherheit wiegt,
gerade dann kommt der Dieb,
der neidische Nichtshaber namens Satan,
und raubt ihr alle Privilegien,
den Sonntag, den Advent, Weihnachten, Ostern, Pfingsten,
die Diakonie, die Kunst, die Weisheit.
Erst die geistlichen, dann die geistigen,
dann die materiellen Früchte.
Das nennt man dann Säkularisierung.

Dann aber sind deine Jünger wieder wie die nackten Kinder,
die gottgeliebten,
und sind zugleich die weise gewordenen Feldarbeiter,
die alles loslassen können, die mit der Sichel warten können,
bis die Zeit gekommen ist, die Welt für dich zu ernten.
O gib uns den Geist der Unterscheidung, damit wir verstehen:
Wann ist die Zeit reif für Loslassen?
Wann ist die Zeit reif für Ernten?

Verwandte Texte zum Dieb: Lk 12,39f; zur Erntezeit: Mk 4,26ff

[9] Andere Lesart: die Frucht (D)

[10] Andere Lesarten: In eurer eigenen Tiefe seid ein erfahrener Mann! (R) /
Mögen also unter euch verständige Menschen erstehen! (D)

22

Jesus sah kleine Kinder, die gesäugt wurden.
Er sagte zu seinen Jüngern:
Diese Säuglinge gleichen denen,
die in das Königreich kommen.
Sie sagten zu ihm:
Werden wir also ins Königreich kommen,
wenn wir klein sind wie Kinder?
Jesus sagte zu ihnen:
Wenn ihr aus zwei eins macht,
und wenn ihr die Innenseite wie die Außenseite macht
und die Außenseite wie die Innenseite,
und das, was oben ist, wie das, was unten ist,
und wenn ihr das Männliche und das Weibliche vereint,
wenn ihr das alte Auge
durch ein neues Auge ersetzt,
die alte Hand
durch eine neue Hand,
den alten Fuß
durch einen neuen Fuß
und das alte Bild
durch ein neues,[11]
dann werdet ihr in das Königreich kommen.

Alles zu seiner Einheit bringen

Erst als ich ein Erwachsener wurde,
wurde ich ein Erwachender
und sah, dass das Viele nur Eins ist,
und begriff meine Weltkindschaft
und meine Gotteskindschaft.
Danke, Jesus!
Wir trinken an der Mutterbrust der Hagia Sophia,
und die Weisheit, die wir trinken, lässt uns erkennen,
dass es die Bilder der Gegensätze
nur in der Welt der Scheinbarkeiten gibt,
in der Welt der Wahrheit aber alles versöhnt und vereint ist
und es die Gegensätze gar nicht gibt,
weder oben noch unten, weder groß noch klein,
weder gut noch böse
(denn das Böse ist nur das verknotete Gute),
weder männlich noch weiblich
(denn männlich ohne weiblich ist herrisch,
und weiblich ohne männlich ist dämlich),
alles drängt nach Vereinigung,
und die Vereinigung geschieht,
wenn wir die fixen Bilder ersetzen durch flüssige Bilder.

Verwandte Texte zu den Kindern: Mk 10,13ff; zu den alten Gliedern:
Mk 9,43; zur Vereinigung: Mt 18,19; Joh 17,21; Gal 3,28; Log 48; 49; 89; 106

[11] Andere Lesart: Wenn ihr Augen macht statt eines Auges und eine Hand statt einer Hand und einen Fuß statt eines Fußes und ein Bild statt eines Bildes (R)

23

Jesus sagte:
Ich werde euch erwählen,
einen aus tausend
und zwei aus zehntausend
und sie werden bestätigt werden
in ihrem Einssein.[12]

Der Sog zur Einswerdung

Jesus, kurz sind deine Worte,
lang muss ich nachdenken.
Ich denke:
Alle sind gemeint, alle sind gewollt,
alle sind bejaht und gerufen.
Aber nur wenige sind ausgesucht als Beispiele dafür,
was der Schöpfergeist bei allen entwickeln will,
was in allen als Keim angelegt ist und was die meisten
(wegen ihrer ererbten Schuldenkrankheit)
nicht entwickeln können, nämlich dies:
eine geeinte Seele.

Es ist aber gefährlich, zu wissen,
dass man zu den Beispielen
einer von der Gnade geeinten Seele gehört.
Selig die wenigen, die nicht wissen, dass sie ausgesucht sind.
Hoffnung besteht für die vielen,
die wissen, dass sie gespalten sind.
Arm dran sind die vielen, die ungeteilt eins sind
in ihrem in sich selbst verliebten Ich.

Verwandte Texte: Ps 91,7; Mt 20,16 und 8,11

[12] Andere Lesart: Und sie werden als ein einziger dastehen (D)

24

Seine Jünger sagten zu ihm:
Zeig uns den Ort, wo du bist,
denn es ist nötig für uns, ihn zu suchen.

Er sagte zu ihnen:
Wer Ohren hat zu hören, der höre!
In einem Menschen des Lichts ist Licht,
und er erleuchtet die ganze Welt.
Wenn er nicht erstrahlt,
herrscht Finsternis.

Lichtmenschen am Ort der Finsternis

Jesus, du bist der Mensch des Lichtes,
du bist immer präsent.
Aber wir, wir sind meistens im Dahindämmern versunken.
Dein Licht hat keinen Ort und keine Zeit,
dein Licht ist immer hier und jetzt.
Aber wir, wir tappen in vielen Orten und Zeiten umher.
Der Ort deines Lichtes und die Zeit deines Lichtes
sind da, wo und wenn ich ganz da bin.
Da leuchtest du ohne Unterbrechung.
Ich falle in Finsternis und erhebe mich zum Licht,
und falle und erhebe mich,
bis meine Ortszeit in der Welt vorbei ist.

Verwandte Texte: Mk 6,22f; Mt 5,14

25

Jesus sagte:
Liebe deinen Bruder
wie deine Seele,
hüte ihn wie deinen Augapfel.

Er ist wie ich

Liebe ich meine Seele?
Ist mein Bruder schon in meiner Seele?
Schütze ich meinen Blick vor Trübung?
Ist mein Bruder schon mein Auge geworden?
Sehe ich ihn schon ohne Trübung?
Bin ich schon sein Zwillingsbruder geworden,
so wie du, Jesus, mir zum Zwillingsbruder geworden bist?
Dein Gebot erweckt meine Sehnsucht
nach meinem Bruder – und nach mir.

Verwandte Texte: Mk 12,31; Gen 4,9

26

Jesus sagte:
Den Splitter im Auge deines Bruders siehst du,
aber du siehst nicht den Balken im eigenen Auge.
Wenn du den Balken
aus dem eigenen Auge entfernt hast,
wirst du klar genug sehen,
um auch den Splitter
aus dem Auge deines Bruders zu entfernen.

Klarsicht

Jesus, du bist der gute Psychologe,
du Menschenkenner, du Herzenskenner, du Weisheitslehrer.
Du kennst die Machenschaften des Herzens,
das immer verdrängt, überträgt, projiziert und vorverurteilt.
Dein Auge sieht klar.
Sehe ich mich mit deinen Augen, sehe ich mich in Wahrheit.

Und Jesus, du bist der gute Therapeut,
du heilst mein Auge, das blind für mich selbst ist,
das meine Finsternis nur im Auge des anderen sieht.
Du heilst mich mit dem Blick deiner Liebe.

Und Jesus, du bist der gute Mystiker,
du machst mein Auge und das Auge meines Mitmenschen
zu einem einzigen Auge, zu deinem Auge.

Du bist der gute Hirte unserer Seelen,
du führst uns durch die Finsternis in den Urgrund
der alles sehenden, alles verstehenden,
alles verzeihenden Barmherzigkeit.

Verwandter Text: Mt 7,3ff

27

Jesus sagte:
Wenn ihr im Blick auf die Welt nicht fastet,[13]
werdet ihr das Königreich nicht finden.
Wenn ihr den Sabbat nicht als Sabbat feiert,
werdet ihr den Vater nicht sehen.

Freiheit im Sein

In dem Maße, prozentgenau,
in dem ich mich der Inhalte der Scheinwelt enthalte,
im selben Maße, prozentgenau,
zeigt sich mir die wahre Welt.
Denn in der Welt der scheinenden Dinge
bin ich überaktiv und süchtig und blind.
Aber in der wirklichen Welt
wirkt das Sein selbst
und macht mich gelassen.
In dem Maße, in dem ich im Sabbat lebe
und durch den Sabbat das Leben feiere,
im selben Maße sehe ich,
wie das wahre Sein den feiernden Schöpfer spiegelt.
Denn im Seinsgrund bin ich empfänglich,
genieße ich das Versorgtsein.
Aber ohne die Seinsverbindung
bin ich ein hektischer Macher.
Danke, Jesus,
für das Vorbild deines Lebensstiles!

Verwandte Texte: Mk 8,36; 2,27f
[13] Andere Lesart: Wenn ihr euch nicht der Welt enthaltet (D)

28

Jesus sagte:
Inmitten der Welt
nahm ich meinen Platz ein
und ich zeigte mich ihnen im Fleisch.[14]
Ich fand sie alle trunken,
ich fand keinen von ihnen durstig.
Meine Seele litt um die Menschenkinder,
denn blind sind sie im Herzen
und sehen nicht,
dass sie leer in die Welt gekommen sind.
Leer wollen sie auch die Welt verlassen.
Aber jetzt sind sie trunken.
Wenn sie den Weinrausch ausgeschlafen haben,
werden sie Buße tun.[15]

Offenbarung mitten im Leben

Indem du das sagst, Jesus,
merke ich auf einmal, dass ich benebelt bin,
und sogleich werde ich stocknüchtern.
Ich spüre deinen Schmerz über uns,
deine Einsamkeit mitten in der Menschenwelt –
und deine Liebe, die dich in unser Fleisch trieb,
um uns nahe zu sein in der Mitte der Welt,
nicht nur am Rande des Lebens.

Ich sehe jetzt,
dass ich voll guter und böser Illusionen war
über mich und die Meinen und die ganze Welt.
Voll war ich, voller Meinungen, voller Nichtigkeiten,
sodass ich nicht merkte, wie leer ich war,
ohne Seinsgewicht.

Jetzt weckst du mich aus meiner Weltweinseligkeit,
und meine Seele spürt
ihren Durst nach dem Wein deines Geistes
und nach der nüchternen Geisttrunkenheit
der Apostel und Propheten.
Ich weiß jetzt, was ich zutiefst gewollt habe,
als ich mich vergaß
und mit Scheinlösungen befriedigte.

Verwandte Texte: Joh 1,9ff; 1 Tim 3,16; Mt 17,17; Offb 17,2

[14] Andere Lesarten: Ich stand in der Mitte der Welt und habe mich ihnen in meinem Fleisch offenbart (R) / Ich stand mitten in der Welt und erschien ihnen im Fleisch (D)

[15] Andere Lesarten: Erst wenn sie den Wein ausgeschieden haben, wird sich ihr Wesen ändern (R) / werden sie sich bekehren (D)

29

Jesus sagte:
Wenn das Fleisch
um des Geistes willen entstanden ist,
ist das ein Wunder.
Aber wenn der Geist
um des Körpers willen entstanden ist,
ist das ein Wunder der Wunder.
Ich staune wahrhaftig darüber,
wie dieser große Reichtum
in dieser Armut Wohnung genommen hat.[16]

Unvermischt und unzertrennt

Jesus, du bist kein Idealist,
der die Körperwelt gering schätzt;
du bist kein Materialist,
der die Geisteswelt gering schätzt;
du bist ein Liebhaber der Einheit von Fleisch und Geist;
denn du bist der Versöhner von Materie und Geist.
Was wäre der Geist ohne Körper,
was wären die Körper ohne Geist?
Ist nicht aller Geist leibhaftig und alle Materie geisthaltig?
Du jedenfalls zeigst dich in deiner Menschwerdung
als der Sohn der Mater Maria
und als Sohn des Vaters aller Geister.
Du entspringst einem orgastischen Mysterium der Liebe,
und in der Ekstase des Ursprungs

hast du jeden Stern im Kosmos mit Bedeutung beseelt
und bist mit deinem Reichtum
in die Armut unserer kleinen Erde gekommen,
um die Evolution weiterzuführen
bis zur Hochzeit von Himmel und Erde.
Schon feierst du mit uns das Mahl der Vereinigung,
und wir wissen bereits, dass Materie zu Energie
und Energie zu Geist werden kann und umgekehrt.
Du bist unsere Welteinheitsformel,
und in deiner Gleichung hebst du schlussendlich
die Trennung von Schöpfung und Schöpfer auf.

Du selbst hast mich zu solchen Gedanken verführt;
sie stehen mir nicht zu.
Auch das wundert mich sehr.

Verwandte Texte: Joh 3,6; Apg 2,17; Gal 5,17

[16] Andere Lesart: dann wundere ich mich darüber, wie sich dieser große Reichtum in seiner solchen Armut hat niederlassen können (D)

30

Jesus sagte:
Wo drei Götter sind,
da sind es Götter.
Wo aber zwei sind oder einer ist,
da bin ich bei ihm.[17]

Der geeinte Gott im geeinten Menschen

Jesus, wenn wir die Majestät
der Heiligen Trinität gedanklich zerspalten,
dann huldigen wir der Dreigötterei:
hier Gott, hier die Welt, hier Ego.
Und dann haben wir die Liebe gespalten
und unseren Verstand gespalten.
Und dann haben wir uns verloren.
Und haben dich verloren und den Vater
und den einenden Geist.

Wenn wir aber die ganze Gottheit und die ganze Menschheit
vereint sehen in dir, dem einen Gottmenschen,
dann haben wir dich ganz in uns und uns ganz in dir.
So sind wir eins geworden
inmitten einer noch vielfältig gespaltenen und unversöhnten Welt.

Verwandte Texte: Mt 18,20; Lk 10,1

[17] Andere Lesarten: Wo drei [zwei und eins: Mann und Frau in fleischlicher Vereinigung] [Kinder der] Götter [der Mächte der Welt] sind, da sind Götter. Wo zwei oder eins sind [männlich und weiblich zu einem werden], da bin ich. (D) / Wo drei Götter sind, da sind Götter. Wo aber zwei Menschen sind oder auch nur einer, da bin ich mit ihm. [Denn ich, der wahre und einzige Gott, suche nicht die Gesellschaft von Göttern, sondern von Menschen.] (B)

31

Jesus sagte:
Kein Prophet wird in seinem Dorf aufgenommen,
kein Arzt heilt die, die ihn kennen.

Mein Ort ist mein Heil

Längst ist das prophetische Wissen
bei uns und auch in mir angekommen;
aber wir folgen ihm nicht.
Längst ist die heilende Kraft
bei uns und auch in mir vorhanden;
aber wir trauen ihr nicht.

Ich will dich, den Arzt, im Gewöhnlichen glauben,
nicht im Sensationellen;
ich will dich im Alltäglichen finden,
nicht in Gipfelerlebnissen;
ich will dich, den Propheten,
in jedem Hier und Jetzt meiner Provinz verehren,
nicht in den großen Erwartungen von Dort und Dann,
sondern im schlichten Nimmerleinsort und Nimmerleinstag.

Verwandte Texte: Mt 6,4f; Joh 4,4

32

Jesus sagte:
Eine Stadt, die auf einen hohen Berg gebaut ist und befestigt,
kann nicht fallen noch verborgen bleiben.

Hochgemute Demut

Meine Stadt auf dem Felsen gebaut –
der Felsen bist du.
Meine Stadt ummauert gegen die Dämonen –
die Mauer bist du.
Meine Stadt allen sichtbar unter dem Himmel der Nacht –
meine Ausstrahlung bist du.
So also siehst du, Jesus, meine Seele,
so siehst du deine Kirche, die Ekklesia.

Wir aber, wir machen uns klein und schwach,
wir grenzen uns nicht ab,
wir lassen uns überfluten,
wir verstecken uns feige.
Staunend nehme ich wahr, dass du
uns, deine Schüler, ganz anders siehst:
stark, leuchtend.

Verwandte Texte: Mt 5,14; Mt 7,24f

33

Jesus sagte:
Predigt von euren Hausdächern,
was ihr mit eurem Ohr hören werdet.[18]
Denn niemand entzündet eine Lampe
und stellt sie unter einen Scheffel oder in ein Versteck,
sondern man stellt sie auf einen Lampenständer,
damit jeder, der ein und aus geht,
ihr Licht sieht.

Ohr und Mund gebrauchen

Von dir, Jesus, geht aus
von Ohr zu Ohr, von Mund zu Mund,
eine Flüsterkette, eine Rufstaffel, ein stilles Geschrei.
Es ist die Zeit der Enthüllung und Erfüllung gekommen,
die Zeit des allgemeinen Wandels.
Die Steine reden schon,
die Toten in den Gräbern rufen schon,
die verschütteten Denkmäler kommen ans Licht,
die kleinen Kirchenlichter werden zu Weltleuchten und umgekehrt.
Traut euch, macht mit, kommt hervor!
Nur wer nichts hört, darf schweigen.
Wer sein Ohr am Puls der Heilsgeschichte hat,
muss den Mund aufmachen.

Verwandte Texte: Mt 10,27; 5,15

[18] Andere Lesarten: Was du mit deinem Ohr hörst, das predige dem Ohr des andern von den Dächern. (D) / Was du hören wirst mit deinem Ohr und mit dem andern Ohr, das verkündigt auf euren Dächern. (N)

34

Jesus sagte:
Wenn ein Blinder einen Blinden führt,
werden sie beide in eine Grube stürzen.

Wisse, ob du blind bist

Wenn sich die Eingebildeten, die Verblendeten, zusammentun,
wenn sich Hochmut und falsche Bescheidenheit in uns paaren,
wenn wir verblendeten Religions- und Volks-Führern
blindlings folgen,
fallen wir schlussendlich in tiefe Depression,
es sei denn, wir erkennen,
rechtzeitig nüchtern geworden,
den heilsamen Nullpunkt,
den rettenden Boden der nackten Tatsachen.
Dann lässt du uns aufsteigen in deine Christuswirklichkeit.

Verwandter Text: Mt 5,14

35

Jesus sagte:
Keiner ist fähig,
ins Haus eines starken Mannes einzudringen
und ihn zu überwältigen,
es sei denn, er bände ihm die Hände;
dann kann er das Haus ausplündern.[19]

_____

Ich bin schwach – ich bin stark

Aber es war ja schon jemand eingedrungen in mein Haus
und hat mich gefesselt
und alles in Besitz genommen:
der Dämon meiner Väter.

Aber dann bist DU gekommen
und hast mich entbunden
und an dich gebunden
und alles in Besitz genommen.

Seit du mein Ich gefesselt hast,
ist meine Seele frei.
Seit meine Seele frei ist,
gehorcht mir mein ganzes Haus.

Verwandter Text: Mk 3,27

[19] Andere Lesarten: dann wird er das Haus auf den Kopf stellen. (R) / dann wird er sein Haus ausräumen können. (D)

36

Jesus sagte:
Sorgt euch nicht von Morgen bis Abend
und von Abend bis Morgen,
was ihr anziehen werdet.

Jenseits der Kostümzwänge

Das sagst du nicht den Frierenden;
mit denen sollen wir
unseren Rittermantel martinisch teilen.
Das sagst du den Gepanzerten,
die keinem Hier und Jetzt vertrauen wollen,
denen, die immer neue Kostüme
für neue Rollen haben wollen.
Der eine ungenähte Rock
hat dir, Jesus, wunderbar genügt.

Der Ewige, gepriesen sei er,
sitzt in seinem paradiesischen Sabbat
und schneidert Kleider für die Seinen:
für den Ersten Menschen das rote Hautkleid Inkarnat,
für den Letzten Menschen das weiße Lichtkleid Goldbrokat.

Verwandter Text: Mt 6,25ff

37

Seine Jünger sagten:
Wann wirst du dich uns offenbaren
und wann werden wir dich sehen?
Jesus sagte:
Wenn ihr euch nackt ausgezogen habt,
ohne euch zu schämen,[20]
wenn ihr eure Kleider genommen
und unter die Füße getan habt
und sie wie kleine Kinder mit Füßen tretet,
dann werdet ihr den Sohn des Lebendigen sehen
und euch nicht fürchten.

Ohne Scham der Wahrheit ins Auge sehen

Du bist ja immer offenbar,
aber wir, wir sind verhüllt, verkleidet, verdeckt,
verschlossen, verschämt, verklemmt.
Pure Angst steckt hinter unsren Eitelkeiten.
Es liegt an uns, zornig wie Kinder zu werden,
die lieber nackt herumlaufen als in Dress und Dressur.
Sind wir nicht in der Taufe aus den alten Klamotten geschlüpft?
Es liegt an uns, die Rollenzwänge und Etiketten abzulegen,
die Masken, Moden und Programme,
die uns vor deiner Wahrheit abschirmen.
Endlich frei sein vom furchtsamen Gewissen,
endlich frei sein für Lieben und Geliebtwerden!

Verwandte Texte: Gen 3,7 und 21; Kol 3,9; Log 21

[20] Andere Lesarten: Wenn ihr eure Furcht vor der Blöße ablegt (D) / wenn ihr eure Scham ablegt (R)

38

Jesus sagte:
Oft habt ihr ersehnt,
die Worte zu hören,
die ich euch sage,
denn ihr habt niemanden sonst,
von dem ihr sie hören könntet.
Es wird Tage geben,
wo ihr mich suchen werdet
und nicht findet.

Nur jetzt, nicht später

Inzwischen weiß ich:
Hätte ich zehn Lehrer und hundert Prediger,
die mir deine überlieferten Worte beibringen –
es wären nicht deine Worte, es wäre nicht deine Stimme,
wenn ich es nicht in meinem eigenen Herzen hören würde.
Und ich weiß auch, dass mein Herz alles vergisst,
wenn mich die Weltzeit wie eine Endzeit überflutet,
sodass ich deine Worte nicht mehr vernehmen kann.
Aber dann kommt nach den vielen Tagen der eine Tag,
an dem wir dich in uns in endgültiger Klarheit hören,
am Tag des vollen Jetzt.

Verwandte Texte: Amos 8,11ff; Lk 17,22; Joh 7,33; Log 59 und 92

39

Jesus sagte:
Die Pharisäer und Schriftgelehrten haben
die Schlüssel der Erkenntnis[21] genommen und versteckt.
Sie sind selbst nicht eingetreten
und haben auch die, die eintreten wollten,
nicht eintreten lassen.
Ihr aber sollt klug sein wie Schlangen
und unschuldig wie Tauben.

Der Schlüssel zur Freiheit

Einige unserer Kirchenväter wussten noch:
Gnosis löst uns von unserer Blindheit,
Gnosis macht uns mündig, Gnosis gibt uns alle Schlüssel
und macht uns unabhängig
von Priesterherrschaft und Herrschaftswissen.
Gnosis verbindet uns unmittelbar mit deinem Geist.
Einige unserer Kirchenväter versteckten den Schlüssel vor uns,
denn sie fürchteten, dass wir uns mit ihm zu viel Freiheit erschlössen.
Sie wollten, dass wir einfach nur glauben.

Jahrhunderte blieb der Schlüssel versteckt, man dozierte über ihn,
aber er verrostete, weil man sich vor seinem Gebrauch fürchtete.
In unseren Tagen wurde er wiederentdeckt und in Gebrauch genommen:
manchmal mitten in deiner Gemeinde,
manchmal weit außerhalb der Gemeinde, wo immer du bist.
Aber nur diejenigen sind deiner Gnosis würdig,
die sich vor der Schlangen-Erkenntnis von Gut und Böse nicht fürchten
und zugleich in der Tauben-Einfalt der Demut verharren.

Verwandte Texte: Lk 11,52; Log 3 und 67; Mt 10,16

[21] griech. *gnosis*

40

Jesus sagte:
Ein Weinstock ist fern vom Vater gepflanzt worden.
Weil er keinen Wurzelgrund hat,[22]
wird er samt Wurzel ausgerissen
und zerstört werden.

Außerhalb des Vaters besteht nichts

Wo ist außerhalb des Vaters?
Außerhalb des Sohnes.
Wo ist außerhalb des Sohnes?
Außerhalb des Geistes.
Wo ist außerhalb des Geistes?
Außerhalb der Liebe.
Wo ist außerhalb der Liebe?
Außerhalb des Urgrundes.
Im Nichts.
Im Nichtigen werden alle Dinge wesenlos.
Im Nichtigen wird alles Wichtige zunichte.
Auch der heilige Weinstock.
Er wird zum scheinheiligen Gerede.

Verwandte Texte: Mt 15,13; Joh 15

[22] Andere Lesarten: weil er nicht in festem Grund wächst (D) / da er nicht feststeht (R)

41

Jesus sagte:
Wer etwas in der Hand hat,
dem wird mehr gegeben werden;
und wer nichts hat,
dem wird auch das Wenige genommen werden,
was er hat.

Zinsen – materiell oder spirituell

Jesus, du bist der Kapitalist des Himmelreiches,
der Zinsgott Mammon ist dein Nächäffer,
aber er zerstört mit seinem Zins- und Zinseszinssystem
die irdische Gerechtigkeit:
Wenn und weil der Reiche reicher wird,
wird der Arme ärmer.

Aber die himmlische Gerechtigkeit ist anderer Art:
Du preist die Armen der Erde glücklich,
weil ihnen in ihrer Armut das Himmelreich der Menschlichkeit gehört,
und wer auf Erden das Angeld des Geistes empfangen hat,
dem vermehrt es sich zur Fülle.

Der euroamerikanische Besitzbürger aber,
mit seiner Glücks- und Segensreligion,
dem schwindet der Geist deines Vaters im selben Maß,
wie seine Aktien steigen, und er verfällt, ohne es zu merken,
der objektiven Unmenschlichkeit.
Das ist die Gerechtigkeit deines Reiches.

Erstaunlich, diese umgekehrte Entsprechung
von himmlischer und irdischer Welt!
Was für ein geheimnisvolles Entweder-oder von Geld und Geist!
Selig die Spekulanten, die alles verloren haben,
denn sie sind frei geworden, um auf eine andere Wirklichkeit zu setzen.

Verwandte Texte: Mk 4,25; Lk 19,26

42

Jesus sagte:
Seid Vorübergehende.²³

Einheit von Nähe und Distanz

Jesus, das sagst du als ewiger Jude im immerwährenden Passa.
Mit diesem Wort befreist du mich blitzartig von allen falschen Bindungen,
von allen Einbildungen, mit denen ich mich und die anderen festhalte.
Wie in einer Erleuchtung wird mir bewusst, was ich vergessen habe:
dass meine Wurzeln im Himmel sind, der ewig bleibt,
und nicht in der Welt, die immer schneller kommt und geht.
Du machst mich zum glücklichen Pilger.

Der ferne Santiago ruft mich
und sagt: »Brich auf!«
Vater Benedikt nimmt mich zu sich
und sagt seine zwei Worte: »Bete und arbeite!«
Meister Eckhart nimmt mich mit sich
und sagt seine zwei Worte: »Lass dich!«
Bruder Franz nimmt mich mit sich
und sagt seine zwei Worte: »Pax et Bonum!«
Doktor Martinus geht mit mir
und sagt seine zwei Worte: »Sola gratia!«
Bruder Tersteegen ist mit unterwegs
und sagt seine zwei Worte: »Gott ist gegenwärtig!«

Dietrich Bonhoeffer nimmt mich mit sich und sagt seine zwei Sätze:
»Wir leben noch in der Welt von Sünde und Tod.
Aber wir sind schon über Sünde und Tod hinaus.«

Ich bin in diese Welt gesetzt,
aber ich bleibe nicht sitzen in dieser Welt.

Ich gehe weiter. Ich lasse mich ein auf diese Welt.
Aber ich verlasse mich nicht auf diese Welt. Ich gehe weiter.
Und im Weitergehen komme ich zu meinem Sein,
zum Urgrund meines Seins.

Verwandte Texte: Ex 12,11; Mt 10,11; Hebr 11,13f; Log 14 und 86

[23] Andere Lesarten: Werdet, indem ihr vorübergeht. (N) / Werdet Vorübergehende. (D)

43

Seine Jünger sagten zu ihm:
Wer bist du, dass du uns all diese Dinge sagst?
Jesus sagte:
Ihr versteht nicht, wer ich bin,
durch das, was ich zu euch sage?
Ihr seid wie die Juden[24] geworden.
Sie lieben den Baum,
aber hassen seine Frucht,
oder sie lieben die Frucht,
aber hassen den Baum.

Jenseits von Zweifel und Zwiespalt

Als Kinder der Welt
schütteln wir den Kopf über dich, Jesus.
Als Schüler deiner Welt
schütteln wir den Kopf über unsere Welt.
Wir sind gespalten in einerseits und andererseits.
Was wir hassen, lieben wir, was wir lieben, hassen wir.
Wir wechseln die Ansichten,
wir zweifeln, wer wir selbst in Wahrheit sind.
Bin ich ein Liebender, bin ich ein Hassender?
Ich weiß es nicht, solange ich nicht weiß, wer du bist.
Du bist aus dem einen ungeteilten Seinsgrund
des einen ungeteilten Gottes gekommen.
Dorthin nimmst du uns mit dir zurück.

Verwandte Texte: Mt 11,3ff; Joh 8,25; Lk 6,43ff

[24] abgekürzt für: die herrschenden jüdischen Religionsführer

44

Jesus sagte:
Wer den Vater lästert, dem wird vergeben werden,
und wer den Sohn lästert, dem wird vergeben werden.
Aber wer den Heiligen Geist lästert,
dem wird nicht vergeben werden,
weder auf der Erde noch im Himmel.

Spiritueller Selbstmord

Was für eine gewaltige Toleranz!
Wir können Gott beschimpfen –
und es geschieht von tausend Hiobs täglich tausendfach –,
und wir werden nicht bestraft,
denn dein Vater erträgt uns, und es ist uns vergeben,
schon bevor wir erschrocken verstummen.

Wir können dich, Jesus, beschimpfen,
und es geschieht seit deiner Passion täglich tausendfach,
und es wird uns vergeben
wie du deinen Peinigern vergibst, die nicht wissen, was sie tun,
und du bleibst auch dem Unmenschen treu.

Wir können den all-liebenden Geist beschimpfen,
und das können wir nur,
wenn wir bereits wissen, dass es ihn gibt.
Wenn wir ihn trotzdem schmähen,
dann haben wir die Vergebung selbst geschmäht,
und wir haben uns selbst von der All-Liebe exkommuniziert.
Wer sein innerstes Heiligtum schmäht,
bleibt in der Heillosigkeit.
Wer seinen Urgrund schmäht, geht zugrunde.

Verwandte Texte: Mk 3,28f; Lev 24,11ff

45

Jesus sagte:
Trauben erntet man nicht von Dornensträuchern
und Feigen pflückt man nicht von Kratzdisteln,
denn die tragen keine Frucht.
Ein guter Mensch bringt Gutes hervor
aus dem, was er gesammelt hat;
ein böser Mensch bringt Schlechtes hervor
aus der Verruchtheit seines Herzens
und sagt Böses.
Denn aus dem Überfluss seines Herzens
quillt Böses hervor.

Identitätswechsel

Bin ich gut?
Bin ich schlecht?
Bin ich gespalten?
Wer bin ich?
Bin ich nicht zweipolig wie die Natur,
die voll ist von Dornen und Trauben,
voll von Disteln und Feigen?

Unter deinen klaren Worten gibt es keinen Kompromiss.
Unter deinen liebenden Blicken gerate ich ins Werden
vom Alten Menschen zum Neuen Menschen.
Ich entdecke den bösen Schatz meines Herzens.
Du hebst ihn mir und deponierst ihn Tag für Tag
auf dem Schuttberg Golgata, auf deinem göttlichen Rücken.
Die Dornen – wo sind sie? Auf deinem Haupt.

Da entdecke ich den guten Schatz meines Herzens.
Du hebst ihn mir und stellst ihn mir Tag für Tag zur Verfügung.
Deine Trauben – wo sind sie? In deinem Kelch.
So fließt Gutes aus dem Urgrund des Herzens,
es strömt in den Mund und in die Welt.

Du wirst mir zur neuen Identität jenseits von Gut und Böse.
In dir liegt meine Einheit jenseits aller Spaltungen.
In den Augen der ewigen Kritik ist meine Wurzel schlecht.
In den Augen der ewigen Liebe bin ich durch und durch gut.
Meine Augen werden deine Augen.
Deine Früchte werden meine Früchte.

Verwandte Texte: Lk 6,44f; Log 43

46

Jesus sagte:
Von Adam bis Johannes dem Täufer
findet sich keiner unter all denen,
die von Frauen geboren wurden,
der so viel größer wäre als Johannes der Täufer,
dass er seine Augen nicht abwenden müsste.
Aber ich habe gesagt,
dass jeder von euch, der zum Kind wird,
das Königreich erkennen
und größer sein wird als Johannes.

Kleine Seele – ganz groß

Ich war in deinen Diensten ein kleiner Prediger,
ein kleiner Lehrer und manchmal vielleicht auch
ein kleiner Prophet.
Ich habe viel mit Wasser getauft
und die Getauften wieder mit Erde begraben.
Ich habe einigen Seelen bei ihrer Neugeburt beigestanden.
Und so habe ich einige Sandkörner
in der großen Wüste der Geschichte
um einige Zentimeter bewegt, wie es die Ameisen machen,
die von sich sagen: Jede von uns hat die Wüste verändert.

Aber nicht darin besteht die Bedeutung meiner Winzigkeit,
sondern darin, dass du zu mir in die Wüste kamst
und ich mich nach langen Zweifeln von dir lieben ließ.
Erst seitdem bin ich für Augenblicke in deinem Königreich.
Von dort schaue ich hinaus und zurück
zum großen Mann der Wüste, zum Täufer Johannes,
ohne meine Augen zu senken.

War meine Seele nicht schon in Adam
und glücklich mit ihm im Paradies?
War meine Seele nicht in Elias
und unglücklich mit ihm in der Wüste?
War meine Seele in meiner Heiligen Taufe
nicht selig in deiner Taufe im Jordan?

Verwandter Text: Mt 11,11

Jesus sagte:
Kein Mensch kann gleichzeitig
zwei Pferde besteigen
oder zwei Bögen spannen,
und kein Diener kann
gleichzeitig zwei Herren dienen,
es sei denn, er ehrt den einen
und beleidigt den anderen.

Niemand trinkt alten Wein
und will gleich danach jungen Wein trinken.
Jungen Wein füllt man nicht in alte Weinschläuche,
sonst würden sie zerreißen,
und alten Wein füllt man nicht in einen neuen Weinschlauch,
sonst würde er verderben.
Einen alten Flicken näht man nicht
auf ein neues Gewand,
sonst würde ein Riss entstehen.

Kein Doppeldienst am Unvereinbaren

Was bin ich für ein Krieger –
reite auf zwei Pferden,
spanne zwei Bögen,
habe zwei Ziele,
folge zwei Heerführern
und möchte schließlich in ein Weder-noch flüchten.
So geht es nicht.

Es ginge nur im Wahn,
mit gespaltenem Kopf,
mit zerteiltem Herzen,
aber es geht nicht mit dem Leib,
und es geht nicht in Wahrheit.

Bevor ich dich, Jesus, in Wahrheit kannte,
war ich noch entzweit in mir und in der Welt.
Ich lebte in der alten Welt der Ängste und Süchte,
im Folterkeller von Lob und Tadel.
Da kamst du in meinen Kelterkeller.
Das alte Fass lief aus,
du gabst mir eine neue Fassung,
deinen neuen Geist zu trinken.
Da kam ich ans Licht
und wurde nüchtern.

Verwandte Texte: Mt 6,24; Lk 5,36ff

48

Jesus sagte:
Wenn zwei Frieden schließen miteinander
im selben Haus,
dann werden sie zum Berg sagen:
Bewege dich weg! –
und er wird sich bewegen.

Schalom im inneren und äußeren Haus

Das habe ich je und je erfahren:
Wenn ich vereinsamt bin in meinem inneren Haus,
bin ich ein sinnloser Sisyphus.
Einsam gelingt mir nichts.
Wenn ich mit dir vereint bin, meinem wahren Selbst,
versinken die Angstberge, die Sorgenberge, die Problemgebirge.
Sie stellen sich als Illusionen heraus.
Die Wirklichkeit ist Friede.

Wenn ich dann in mein äußeres Haus gehe,
spüre ich deine Kraft, Frieden zu machen
mit Freund und Feind.
Wenn ich dich in meinem Mitmenschen erkenne,
haben wir Macht über die Berge.
Gemeinsam gelingt uns vieles.
Wenn wir mit dir vereint sind,
sind wir bei dir zu Haus.

Verwandte Texte: Mt 17,20; 18,19; 1 Kor 13,2; Log 106

49

Jesus sagte:
Glückselig die Einsamen[25]
und die Auserwählten,
denn ihr werdet das Königreich finden,
und zu ihm werdet ihr zurückkehren.

Das Glück des Alleinigen

Soll ich es wagen, mich unter deiner Seligpreisung
zu der inoffiziellen Schar der Unzählbaren zu zählen,
wo ein Mensch auf eine einmalige und universelle Weise
ein Einzelner ist in der Welt,
ein Single in der Gesellschaft,
ein Unikum für die spöttische Menge,
ein Einsamer in der geselligen Kirche,
ein stiller Eremit in der lauten Stadt,
ein Geeinter in der dualistischen Welt,
ein Einsgewordener nach jahrelanger Psychospaltung,
ein Universeller in der Landschaft der Parteien,
ein Heimatloser zwischen den Lagern,
ein Unabhängiger im Zweierbund,
ein Eigenständiger im Ehestand,
ein Selbstbestimmter unter Fremdbestimmten,
ein Mönch ohne Kloster,
ein Monarch unter befreundeten Monarchen,
oder – ein Zwilling des Einziggeliebten?

Du gabst uns die Ahnung ein,
dass wir doppelten Ursprungs sind:

abstammend in der Genfolge der Generationen,
zwielichtige Zellhaufen, Samen schwieriger Vorväter,
sexuellen Leibes, sehnsüchtig auf Ergänzung angelegt –
und abstammend vom ewigen Licht,
präexistierende Seelen
als Gottesgedanken im Herzen des ewigen Vaters.
Ja, heimkommen will ich ins Königreich,
dem die Königskinder entstammen,
ja mehr als heimkommen:
Neu erscheinen will ich
als endlich Einsgewordener
aus himmlischer und irdischer Wurzel
in der steten Durchdringung von Materie und Geist,
von Mater und Pater.

Verwandte Texte: Joh 1,12; 3,31; Log 16; 49; 75

[25] Andere Lesarten: sind die Einsamen, sie sind die Erwählten (B) / Selig sind die Einsgewordenen (R)

50

Jesus sagte:
Wenn man euch fragt:
Woher kommt ihr?,
dann antwortet ihnen:
Wir kommen vom Licht,
von dort, wo das Licht aus sich selbst heraus entstanden ist,
sich manifestiert hat und in seinem Bild offenbart hat.

Wenn sie euch fragen:
Wer seid ihr denn?,
dann sagt:
Wir sind seine Kinder
und die Auserwählten des lebendigen Vaters.

Wenn sie dann fragen:
Was ist der Beweis dafür,[26]
dass der Vater in euch ist?,
dann sagt zu ihnen:
Bewegung und Ruhe.[27]

Drei Testfragen und unser Bekenntnis

Am Anfang der Kirche, im Morgenland,
konnten uns die Menschen noch
mit solchem Erstaunen fragen:
Wes Geistes Kinder seid ihr denn?
Aber am Ende der Kirche, im Abendland,
fragen sie uns nicht mehr mit solchem Interesse.
Sie kennen uns zur Genüge,
wir sind ihrem Zwielicht ähnlich geworden.

Wenn wir noch gefragt werden,
dann von den Dogmenwächtern,
die unserer Freiheit, unserem Licht,
unserem göttlichen Ursprung misstrauen.

Und du, Jesus, weil du noch so bist, wie du warst,
lässt uns in deinem Geiste schweigen
und reden und handeln,
und so sind wir in deinem und unserem Ursprung,
im Vater des Lichtes,
sind wir wie du »Licht vom Licht aus Gott geboren«.

Ob diese kühne Behauptung stimmt,
müssen zwei klare Kennzeichen bezeugen:
Bewegung und Ruhe.
Der Vater des Lichts ist immer in Bewegung,
und die Seinen sind Bewegte in einer Welt,
in der alles im Stockdunklen stockt.
Und unser Vater ist immer in Ruhe,
und auch die Seinen sind in der Ruhe
inmitten einer Welt, in der alles in Hektik stürzt.

Sind wir aber aufgeregt aktiv,
wo wir still und ruhig sein sollten,
und sind wir träge passiv,
wo wir bewegt unterwegs sein sollten,
dann sind wir nicht die vom Vater Gezeichneten.

Verwandte Texte: Joh 1,19ff; 8,13.19; Apg 4,7; Log 18
[26] Andere Lesart: das Zeichen eures Vaters, der in euch ist (R)
[27] Andere Lesart: Bewegung ist es und Unbeweglichkeit (D)

51

Seine Jünger fragten ihn:
Wann werden die Toten Ruhe finden
und wann wird die neue Welt kommen?
Er antwortete:
Was ihr noch erwartet,
ist schon gekommen.
Aber ihr erkennt es nicht.

Aufhebung des Dualismus von Gestern und Morgen

Früher hab auch ich immer gefragt:
Wann? Wann endlich?
Da hast du durch den Propheten zu mir gesprochen:
»Hört, ihr Tauben, und schaut her, ihr Blinden!«
»Jetzt wächst es auf, erkennt ihr's denn nicht?«[28]
Darum frage ich dich nicht mehr,
sondern sage selbst zu mir:
Sieh hin, was ist jetzt!
Schau her, was ist hier!
Wenn nicht jetzt, wann dann?
Wenn nicht hier, wo dann?

Deine Allpräsenz bringt alles in die Gegenwart.
Deine Vergangenheit ist nicht vergangen,
und deine Zukunft ist nicht Zukunft.
Was steht denn noch aus, wenn mein Verstand
im großen Käfig von Raum und Zeit
der Erforschung müde geworden ist?

Dass sich meine Seele,
die aus der ewigen Welt stammt,
über die hohen Gitterstäbe schwingt,
und die vernehmende Vernunft schaut auf
und versteht die jetzige Welt schon als neue,
die Sünder als geliebte Kinder,
die Behinderten als verwunschene Prinzen,
die Toten als selige Geister.
Da sage ich Ja
zum Absterben meines verweslichen Lust- und Schmerzkörpers
und damit ein Ja zum Absterben meines illusionären Ichs.
Denn entsprechend dem Maße dieses Absterbens
erfahre ich das Aufleben meines wahren Selbst
und das Aufleuchten einer anderen Art von Welt.

Verwandte Texte: Lk 17,20f; Log 3 und 113

[28] Jes 42,18 und 43,19

52

Seine Jünger sagten zu ihm:
Vierundzwanzig Propheten haben in Israel gesprochen
und sie haben alle von dir geredet.
Er sagte zu ihnen:
Ihr habt den Lebendigen nicht beachtet,
der vor euren Augen ist,
und von den Toten gesprochen.

Das Leben spricht – die Propheten verstummen

Ich liebe die vier großen und die zwölf kleinen Propheten,
ich liebe die vier Evangelisten und die zwölf Paulusbriefe.
In allen Texten lese ich dich, den Einen, den Drei-Einen,
den Mensch gewordenen, in der Geschichte gekreuzigten
und auferstandenen Logos.

Aber wenn ich, statt Buchstaben zu lesen, das höre,
was du selbst durch das Gelesene
und ohne das Gelesene in mir sprichst,
dann sind alle Texte nur noch Papier
und alle Propheten nur noch Tote,
über den garstigen Graben der Geschichte wehende
historische Gestalten.

Aber so zu hören,
dass ich nicht nur auf sie und nicht nur auf mich,
sondern gleichzeitig auf dich höre,
das geht nur mit deiner Leihgabe
der Unterscheidung der Geister

und nur so, dass ich dieser kritischen Gabe
nicht kritisch misstraue.
Und wo anders könnte ich dich, den Äußersten,
als Innerstes hören als in mir?

Verwandte Texte: Mt 5,17; Joh 5,39f

53

Seine Jünger fragten ihn:
Ist die Beschneidung nützlich oder nicht?
Er antwortete:
Wäre sie nützlich, dann würde ihr Vater
Kinder bereits beschnitten im Mutterleib zeugen.
Die wahre Beschneidung im Geist jedoch
ist in jeder Beziehung nützlich.[29]

Die Initiation des Lebens

So viel und so wenig verstehe ich:
Wir kommen nicht beschnitten auf die Welt,
wir kommen nicht getauft auf die Welt,
wir kommen als Wildlinge auf die Welt
und das ist gut so. Sehr gut.

Aber unsere wilde Natur
muss bald beschnitten werden,
denn unser Ich wuchert bald.

Das Leben selbst beschneidet uns – im Auftrag des Vaters.
Das Leben selbst führt uns in eine schmerzhafte
und glückselige Initiation, wenn wir es nur zulassen.
Wenn wir es nicht zulassen,
werden unsere Schmerzen unnötig groß
und unser Glück zunichte.

Die Initiationsrituale der Priester allein sind ohne Nutzen.
Sie sind nicht die Initiation des Lebens,

sie bezeichnen es nur im Symbol.
Aber ohne die Rituale der Priester
verstehen wir das Geheimnis von Tod und Auferstehung nicht.
Jesus, du bist kein Priester, du bist das Leben.

Verwandte Texte: Apg 15,1.11; Gal 5,2–6; 1 Kor 7,18f

[29] Andere Lesarten: hat vollen Gewinn erbracht (N) / hat ihren vollen Nuttzen gefunden (R)

54

Jesus sagte:
Glückselig die Armen,
denn euch gehört das Himmelreich.

Wo ein Vakuum ist, strömt das Himmelreich ein

Gehöre ich zu den Armen?
Soweit ich ein Nichtwissender bin,
ein Bedürftiger, der dir nichts anbieten kann,
ein Sehnsüchtiger, der keine Egowünsche mehr hat,
ein Erfolgloser, dessen Methoden nicht halfen,
ein Machtloser, der keine Gewalt mehr ausübt,
einer, der alle Ansprüche verloren hat –
soweit bin ich ein Anwärter deines Reiches.

Wie viel innere Leere ich dir anbiete,
so viel Raum findet dein Himmel.

Verwandte Texte: Mt 5,3; Lk 6,20; Log 58; 68; 69

55

Jesus sagte:
Wer Vater und Mutter nicht hasst,
kann nicht mein Jünger sein,
und wer nicht Brüder und Schwestern hasst
und sein Kreuz so trägt, so wie ich es tue,
wird meiner nicht würdig sein.

Durchkreuzung der horizontalen Liebe durch die vertikale Liebe

Danke, Jesus, du bist mein Befreier,
du befreist mich von der Übermacht
meines Vaters und meiner Mutter,
von der Macht, die mein Bruder,
meine Schwester über mich hatten,
von der Macht, mit der mich noch die Toten bestimmen,
solange ich mich nicht losgesagt
und mich dir zugesagt habe.

Und darum wird ein Mensch auf Freiersfüßen
seinen Vater und seine Mutter verlassen
und an seinem Geliebten hängen und eins mit ihm werden.
Und so hängen wir uns in Liebe an dich,
wir Schüler an unseren Lehrer,
auf dass wir ein Leib und ein Geist mit dir werden,
nur an die Freiheit gebunden,
die Freiheit der gekreuzigten Liebe,
einer verbindlichen Liebe ohne jede Symbiose.

Verwandte Texte: Lk 14,26f; Mt 10,37f; Log 101

56

Jesus sagte:
Wer die Welt erkannt hat,
der hat einen Leichnam gefunden.
Und wer einen Leichnam gefunden hat,
dessen ist die Welt nicht würdig.

Welterfahren

Meister, deine Lehre von der Welt
klingt für uns Schüler wirklich krass.
So krass wie dein Wort:
Lasst die Toten ihre Leichen begraben,
ihr sollt ins Reich des Lebens einladen.
Und jetzt meinst du:
Welterfahren ist der, der die Welt als Leichnam sieht.
Ist sie denn nicht mehr die herrliche Schöpfung des Vaters?

Was ist die Welt?
Die Welt, das ist die Menschheit im Kosmos,
und die Menschheit ist gleichsam ein globaler Mensch,
und jedes Individuum ist ein Glied,
eine einzige Zelle am Leib des Menschheitsmenschen.
Und du selbst bist durch deine Menschwerdung
dieser Gesamtmensch geworden
und als solcher gestorben und begraben
und mit dir die Welt,
und als solcher bist du vom Vater erweckt
und verklärt zum neuen kosmischen Menschen
und mit dir die Welt,

und wenn wir welterfahren und erleuchtet zugleich sind,
können wir die Welt als Leichnam
und als verklärten Leib erkennen,
und so ist es fortan eine weltferne Abstraktion,
die Welt ohne dich zu sehen und dich ohne die Welt.
Und so ist die Welt, die dich nicht gewürdigt hat,
deiner würdig geworden, und wir mit ihr.

Verwandte Texte: Mt 8,22; Joh 16,8ff; Log 80

57

Jesus sagte:
Das Königreich des Vaters gleicht einem Menschen,
der gutes Saatgut hatte.
Nachts aber kam sein Feind
und säte Unkraut unter die gute Saat.
Der Mann erlaubte seinen Arbeitern nicht,
das Unkraut auszureißen.
Er sagte zu ihnen:
Nein, sonst könntet ihr das Unkraut ausreißen
und gleichzeitig den Weizen.
Am Erntetag wird sich das Unkraut zeigen
und ausgerissen und verbrannt werden.

Nicht immer ist Entscheidungszeit

Wir sind ausgesät als eine gute Saat des Vaters des Lichtes.
Da ist nichts Ungutes in unserem Wesen.
Aber es kam eine Nacht, die Nacht des Vergessens.
Dies war die Zeit
für den nächtens in den Menschen eingeschlichenen Menschenfeind;
und als wir erwachten, fanden wir
dazwischengesät eine fremde Saat,
die Lolchsaat des giftigen Taumelkrautes,
und ein Ichichich fing an zu wuchern,
zum Verwechseln ähnlich mit unserem Ich.
Zum Verwechseln ähnlich
wurden auch unsere Versuchung und unsere Berufung.
Und wir gerieten in die Versuchung,
uns gegenseitig zu sichten und zu richten.
Aber nun schreitet deine Weisheit ein und ruft:
»Haltet ein! Habt Geduld! Lasst alles zu!

Lasst das wahre und das falsche Ich wachsen,
bis die süßen und die bitteren Früchte sichtbar werden
und die Zeit der Ernte kommt.
Da erwecke ich in euch
die Gabe der Unterscheidung der Geister,
und jeder lernt sie gebrauchen
in der Anwendung an sich selbst,
und schon ist sie da, die Zeit der Ernte.«

Und so erfuhren wir:
Es teilte sich unser Selbst ins Dreifache:
in das wache Selbst, das nur wahrnimmt,
annimmt und unterscheidet, was jeweils ist;
in das wahrgenommene falsche Selbst
und in das wahrgenommene wahre Selbst.

Und so entdeckten wir die Möglichkeit der Entscheidung,
und wir schieden unsere Verfälschungen aus.
Und als Entschiedene
konnte unser Selbst wieder eins mit sich werden,
und als Einsgewordene werden wir eins
mit dir, dem Einen, dem Wahren, dem Guten.

Verwandter Text: Mt 13,24ff

58

Jesus sagte:
Glückselig der Mensch,
der gelitten hat
und Leben darin gefunden.³⁰

Einweihung in das Leid

Ich sehe und höre dich Leiderfahrenen, wie du,
höchste Weisheit auf dem Lehrstuhl des grünenden Kreuzes,
deinen Mund auftust und sprichst:
»Ich beglückwünsche jeden Menschen, der sein Leid,
das unabänderliche, das notwendige Leid,
annimmt statt ablehnt, trägt statt verdrängt,
durchsteht statt bejammert, ernst nimmt statt verharmlost,
sich damit befreundet statt sich dagegen auflehnt,
gewaltlos erduldet statt durch Gegengewalt vergrößert.«

Dann frage ich dich:
Gilt das nur für das Verfolgungsleid, das Märtyrerleid?
Oder auch für das Missbrauchsleid, die Unrechtserfahrung,
für das spirituelle Leid und das Sehnsuchtsleid?
Gilt es auch für das Krankheitsleid, das Beziehungsleid,
das Verlustleid, das Schwermutsleid?

Und du sagst mir:
»Es gilt für jegliches Leid.
Selig, wer leidet, ohne beleidigt zu sein,

der krank wird, ohne gekränkt zu sein,
der verwundet wird, ohne verletzt zu sein.
Selig, wer leidet, ohne am Leid zu leiden,
und trauert in reiner Trauer,
ohne sich mit Selbstmitleid zu vergiften.«

Und ich frage dich:
Aber was ist mit dem empörendsten Leid aller Leiden,
dem Leid der unschuldigen Kindlein?

Und ich höre dich sagen
durch den Mund deines Bruders Roger Schutz von Taizé:
»Der Mensch ist geheiligt
durch die in seiner Kindheit unschuldig empfangenen Wunden.«

Und ich frage dich:
Warum ist Leid in der Welt?

Und du sagst mir:
»Wo eine Liebe ist, da ist auch ein Leid,
und wo eine Wahrheit ist, da ist auch eine Unterdrückung.«

Da frage ich dich:
Wann finden wir das leidlose Leben?

Und du sagst mir:
»Nicht erst nach dem Leid,
sondern mitten im Tragen des Leides kommt der Trost,
nicht nach der Folter, sondern mitten unter der Folter
entsteht die Verzeihung,
nicht nach dem Unglück, sondern mitten im Unglück
geschieht die schmerzhafte Seligkeit
der Transformation des Menschen.

Da keimen die unabhängige Freude
und die bedingungslose Liebe,
und dies ist das Leben,
das überraschend gefunden wird mitten im Leid.«

Verwandte Texte: Mt 5,4; Apg 14,22; Jak 1,12; 1 Petr 3,14

[30] Andere Lesarten: Selig der Mensch, der gelitten hat: Er hat das Leben gefunden (R) / der sich geplagt hat (B)

Jesus sagte:
Schaut auf den Lebendigen,
solange ihr lebt.
Sonst sterbt ihr
und versucht, ihn zu sehen,
aber werdet ihn nicht sehen können.

Kontakt mit dem Leben

Ich verstehe:
Der heutige Tag ist mir gegeben,
damit ich mich von allem Totem abwende,
welches die Menschen so seltsam lieben.
Der hiesige Ort ist mir gegeben,
damit ich mir eine Vision des wirklich Lebendigen anschaue,
welche viele nur virtuell in der Television suchen.

Alles, was wahrhaft lebendig ist, bist du.
Und ohne dich, den Lebendigen,
wird knöchern meine Seele und starr mein Geist,
wird mir das Schöne langweilig, das Gute fade
und unverständlich das Wahre.
Doch im Hör- und Blick-Kontakt mit dir
fängt alles an zu fließen und zu schmecken.

Dein Weckruf ruft den bei lebendigem Leibe Abgestorbenen zu:
»Wacht auf, seht her, schaut hin!
Noch ist es nicht zu spät, doch es ist spät!
Schaut, wie der tödliche Pilatus
vor der Wahrheit in Person nur die Schulter zuckt!«

So sind wir immer in der Gefahr,
zurückzusinken in unsere bleichen, kalten Kissen.
Im Leibe und im Leben und inmitten dieser Welt
willst du erkannt sein, du, der Lebendige!
Durch dich wird uns das Leben erst zum wirklichen Leben.

Verwandte Texte: Joh 11,25; 14,6; Lk 24,5; Log 52

60

Sie sahen einen Samaritaner,
der ein Lamm trug und nach Judäa ging.
Jesus fragte sie:
Was macht er mit dem Lamm?

Sie sagten zu ihm:
Er wird es töten und essen.

Er sagte zu ihnen:
Solange es lebt, wird er es nicht essen,
sondern erst, wenn er es getötet hat
und wenn es zum Leichnam geworden ist.

Sie sagten:
Anders kann er es nicht machen.

Er sagte zu ihnen:
Sucht also auch ihr
einen Ort der Ruhe,[31]
damit ihr nicht zum Leichnam werdet[32]
und verzehrt werdet.

Lamm Gottes – nicht Lamm der Menschen

Warum hat dich das Schicksal des Lammes
auf den Schultern des opferträchtigen Menschen
so beschäftigt?
Hast du schon deine Berufung zum Lamm Gottes geahnt?
Ich höre aus deinen Fragen heraus:
Du willst nicht, dass wir sinnlos opfern,
noch uns sinnlos opfern lassen.
Du willst nicht, dass wir uns kaufen lassen,
ausnützen lassen, ausschlachten lassen, fressen lassen
von den kannibalischen Mächten der Welt,
den Großmächten Idealismus oder Materialismus,
Perfektionismus und Fundamentalismus,
Nationalismus oder Ökonomismus,
von der Allmachtsfantasie und Überverantwortlichkeit
des illusionären Ichs.

Ich freue mich über deine Weisung:
Bergt euch in eine Verfassung der Ruhe,
bleibt verwurzelt im Reich der Stille,
übt euch in der Haltung der liebenden Aufmerksamkeit,
nehmt Wohnung in der Herzenseinfalt,
wo Friede ist, wo die Liebe wohnt,
die Liebe ohne Objekte.

Verwandte Texte: Joh 1,29; 2,13ff

[31] Andere Lesart: Sucht also ihr selbst einen Ort für euch zur Ruhe (D)

[32] Andere Lesart: [von den Mächten der Welt] getötet und gegessen werdet (B)

Jesus sagte:
Zwei werden auf einer Liege ruhen,
einer von ihnen wird sterben, der andere leben.

Salome fragte ihn:
Wer bist du Mann, wessen Sohn?
Du bist auf meinen Sitz gestiegen
und hast von meinem Tisch gegessen.

Jesus antwortete ihr:
Ich bin der,
der aus dem Ganzen kommt.[33]
Mein Vater hat mir,
der hervorgegangen ist aus dem,
diese Dinge gewährt.
Salome sprach:
Ich bin deine Jüngerin!

Jesus antwortete:
Deshalb habe ich gesagt:
Wenn jemand ganz ist,[34]
ist er voller Licht;
aber wenn jemand gespalten ist,
wird er voller Finsternis sein.

Der wahre Gleichmacher

Jesus, kühner Meister, frei von alten Sitten,
du hast auf der Liege deiner kühnen Schülerin
Platz genommen,
du hast mit ihr an ihrem Tisch gesessen und gegessen.
Du hast dich ihr gleichgemacht,
du, der du wesensgleich bist
mit dem Einen und Ewigen – gepriesen sei ER –,
und so hast du auch Salome wesensgleich gemacht
mit dem Einen und Ewigen.
Bei dir ist die Frau nicht ein Mensch zweiter Klasse,
bei dir ist keine Seele minderwertig.
Alle Seelen auf Erden sind gleich
mit der Urseele des Urmenschen,
mit dem männlich-weiblichen Ebenbild
der ungeteilten Gottheit.
Du selbst bist der Urmensch, der Gottmensch.

Alle Menschen sind gleich im Wesen,
nicht gleich aber in der Existenz.
Es gibt eine Scheidung derer,
die auf der gleichen Liege des Seins ruhen.
Ich muss mich fragen:
Schlafe ich noch in der Sünde der Gespaltenheit?
Oder ruhe ich schon in der Gnade des Geeintseins?

Jesus, herrlicher Gleichmacher,
Revolutionär der Liebe,
du erledigst den Tod,
den schrecklichen Gleichmacher,
den Revolutionär der Gewalt.

Meine Seele heißt Salome. Sie ruht in dir
und du teilst mit ihr deinen Leib im heiligen Mahl,
dem Sakrament der Einung.

Verwandte Texte: Lk 17,34; Mt 11,27; Log 24

[33] Andere Lesarten: der aus dem (mir) gleichen ist (D) / der (sich immer) gleich ist (B) / der gleich ist (R)

[34] Andere Lesarten: Wenn einer gleich ist (N) / wenn der Jünger leer ist (R)

62

Jesus sagte:
Ich enthülle meine Geheimnisse denen,
die meiner Geheimnisse würdig sind.
Was deine rechte Hand tut,
das soll deine linke Hand nicht wissen.

Die geheime Menschenwürde

Jesus, du bist kein Geheimniskrämer,
du bist der Offenbarer des Dunklen.
Du sprichst meine unbewusste Spaltung an.
Was ich Rechtes mit der Rechten tue,
das wird von meiner linken Seite rasch gelinkt
mit Lob und Tadel, falschem Stolz und falscher Bescheidenheit.
Als so gespaltene Person
falle ich aus dem Geheimnis des Seins,
aus deiner tief versöhnten Einheit,
bis ich mich zurücksehnen lasse
in mein und dein Geheimnis,
in die von dir gewirkte Einheit
mit mir selbst und mit dir selbst.
Die ewigen Haarspalter aber
kennen kein Geheimnis,
am wenigsten
das Einungsgeheimnis der Liebe.

Verwandte Texte: Mk 4,11; Mt 6,3ff

63

Jesus sagte:
Ein reicher Mann
hatte eine Menge Besitz.
Er sagte:
Ich will mein Vermögen benutzen,
um zu säen, zu ernten, zu pflanzen
und meine Scheunen mit dem Ertrag füllen,
damit ich keinen Mangel habe.
So dachte er in seinem Herzen,
aber in derselben Nacht starb er.
Wer Ohren hat, der höre!

Lebensweisheit ist Todesweisheit

Wo fängt der verhängnisvolle Fehler an?
Es war ein reicher Mensch. –
Ich bin so ein reicher Mensch.
Der besaß ein großes Vermögen. –
Ich bin einer, der viel vermag!
Er sagte: Ich werde säen, ernten, pflanzen. –
Das tu auch ich mit meinem Geld und Geist!
Ich werde meine Speicher füllen. –
Mein Gehirn- und mein Computerspeicher füllen sich ständig.
So wird es mir an nichts fehlen. –

Hier fängt der Denkfehler an, auch der meine.
So dachte er in seinem Herzen. –
Auch mein Herz denkt unwillkürlich so.

Aber meine inneren Ohren hören etwas anderes.
Ich höre: Du lebst nicht von dem, was du hast.
Du bist nicht wirklich versichert von deinen Versicherungen.
Du lebst von dem, was du bist in deinem Sein.
Wer von Illusionen lebt, lebt nur zum Schein.

Ich lebe nur von der Hand in den Mund,
vom Mund Gottes in mein Ohr,
von Atemzug zu Atemzug,
jeder Zug ein Stirb und Werde.
Ich lebe Tag für Tag von Gnadenbrot zu Gnadenbrot.
Ich vermag mit meinem ganzen materiellen
und geistigen Vermögen
nichts Bleibendes zu schaffen, ich bin Staub.
Wenn ich heute Nacht sterbe,
so hoffe ich, ich Habenichts
gehe ganz in mein wahres Sein zurück,
in das Sein des Vaters,
von dem ich alles, was ich bin, habe.

Verwandte Texte: Lk 12,16ff; Log 36

64

Jesus sagte:
Ein Mann erwartete Gäste,
und als er das Essen zubereitet hatte,
schickte er seinen Diener los, um die Gäste abzuholen.

Der ging zum ersten und sagte zu ihm:
Mein Herr lädt dich ein.
Der Mann antwortete: Kaufleute schulden mir Geld.
Heute Abend kommen sie zu mir,
damit ich ihnen Anweisungen gebe.
Ich entschuldige mich für das Mahl.

Er ging zu einem anderen und sagte zu ihm:
Mein Herr hat dich eingeladen.
Der antwortete: Ich habe ein Haus gekauft.
Man braucht mich dort für einen Tag, ich habe keine Zeit.

Der Diener kam zu einem Dritten und sagte:
Mein Herr lädt dich ein.
Der Mann sagte zu ihm: Mein Freund heiratet,
und ich werde das Festmahl ausrichten. Ich kann nicht kommen.
Ich entschuldige mich für die Essenseinladung.

Er ging zu einem weiteren und sagte zu ihm:
Mein Herr lädt dich ein.
Der sagte: Ich habe einen Hof gekauft
und muss hingehen, um den Pachtzins einzutreiben.
Ich kann nicht kommen. Ich entschuldige mich.

Der Diener kam zurück und berichtete seinem Herrn:
Alle, die du eingeladen hast, lassen sich entschuldigen.

Der Herr sagte zu seinem Diener:
Geh hinaus auf die Straße und bring alle mit, die du findest,
damit sie hier essen.
Die Käufer und die Händler
werden die Orte meines Vaters nicht betreten.

Zwei unvereinbare Welten

Alle sind geschäftig mit Geldgeschäften beschäftigt,
und der Hochzeitsausrichter hat sein eigenes kostspieliges Festmahl.

Der Markt der Welt ist ein unentwegtes Einkaufen und Verkaufen,
ein Investieren und Spekulieren und Abkassieren,
ein Ausrechnen und Nachrechnen und Umrechnen
und wie oft ein Betrogensein und ein Betrügen!
Alles, was sich nicht rechnet, wird vernachlässigt,
zuletzt auch das Reich der Wahrheit und der Liebe.
Der Geldschein fasziniert, denn er scheint Geltung zu stiften.
Besitz scheint Sicherheit zu stiften, aber er stiftet Besessenheit.
Diese Welt ist eine tödliche Weltreligion.
Ihre Werber dringen in jedes Haus.

Du, Jesus, Diener Gottes,
gehst durch diese Welt von Haus zu Haus.
Du lädst die Seelen zum Vaterhaus ein,
zum Fest einer Ökonomie des Lebens.
Aber die Krämerseele ist uninteressiert.
Erst wenn sie ihren wahren Durst spürt,
findet sie den Weg zur Quelle des Lebens.
Dort wird umsonst genossen, was sich nicht kaufen lässt.

Verwandte Texte: Mt 22,1ff; Lk 14,15ff

65

Jesus sagte:
Ein großzügiger Mann[35]
hatte einen Weinberg.
Er überließ ihn Winzern.[36]
Sie sollten im Weinberg arbeiten,
und er sollte die Früchte von ihnen bekommen.
Er schickte einen Diener,
um von den Winzern den Ertrag des Weinbergs abzuholen.
Sie überwältigten den Diener,
prügelten ihn und brachten ihn fast um.
Der Diener floh und berichtete seinem Herrn.
Sein Herr sagte:
Vielleicht haben sie ihn nicht erkannt.
Und er schickte einen zweiten Diener.
Den prügelten die Winzer ebenso.
Da schickte der Herr seinen Sohn und sagte:
Vielleicht respektieren sie ihn, meinen Sohn!
Weil die Winzer wussten,
dass er der Erbe des Weinbergs war,
packten sie ihn und töteten ihn.
Wer Ohren hat, der höre!

Das Schicksal der Wahrheit

Ich höre:
Pächter sein ist ein Privileg und schnell ein Sakrileg.
Ein Amt und eine Ehre gepachtet haben,
eine Pfründe in Beschlag genommen haben,
die Wahrheit für sich gepachtet haben,
sich zum Herrn über die Gemeinde Gottes aufschwingen,
das Mühlrad der Eigengesetzlichkeit betreiben,
sich zum Großinquisitor berufen fühlen,
dich, den Herrn aller Herren, nicht zu Worte kommen lassen,
die Stimme des wahren Rechts mundtot machen,
Ohren haben und das innere Gehör verlieren –
furchtbar naheliegende Möglichkeiten
des religiösen Menschen im Weinberg des Herrn.
Jesus, deine Geschichte macht mich hellwach und nüchtern.

Verwandter Text: Mk 12,1ff
[35] Andere Lesarten: Ein gütiger Mensch (N und B) / ein reicher Mann (R)
[36] Andere Lesart: Er überlies ihn Pächtern (R)

66

Jesus sagte:
Zeigt mir den Stein,
den die Bauleute weggeworfen haben.
Er ist der Eckstein.[37]

Neubau des Lebensgrundes

Jesus, ich höre dich sagen:
Zeigt mir eure Niederlagen:
In ihnen liegt eure Zukunft.
Zeigt mir eure Schmach unter den Menschen:
Sie ist eure Ehre im Himmel.
Zeigt mir eure Schuld:
Sie hat euren Heiland hervorgerufen.
Zeigt mir euer Leid: Hier liegt die Quelle eurer Erkenntnis.
Zeigt mir euren Misserfolg:
Er führt euch zu wahrer Bedeutung.
Zeigt mir eure Torheit:
Es steckt die göttliche Weisheit dahinter.
Zeigt mir eure Wunden: Es sind die Zeichen der Erwählung.
Denn so seid ihr behauen worden
als Steine zum Bau des Liebestempels,
dessen Grundstein ich bin.
Zeigt mir den Stein, und ihr seht den Sohn.[38]

Verwandte Texte: Mk 12,10ff; Apg 4,11

[37] Andere Lesart: Er ist es: der Eckstein (R)

[38] Hebräisches Wortspiel: *eben* (Stein) und *ben* (Sohn)

67

Jesus sagte:
Wer das gesamte Universum erkennt,
aber sich selbst verfehlt,
der verfehlt alles.[39]

Gnosis als Erkenntniskritik

Vor dem Schleier deines Angesichts erkenne ich:
Ich kann das Letzte des Universums nicht erforschen.
Nur das Vorletzte –
wissenschaftlich mit dem Verstand,
philosophisch mit der Vernunft,
poetisch-musikalisch mit dem Geist,
mythologisch mit dem Herzen.

Wenn ich aber mich, den Erforscher,
nicht erforsche und einbeziehe in meine Forschung,
wird alles falsch erforscht.
Denn wie kann das Teilchen das Ganze begreifen?
Und wenn ich mich als Teilchen eines Ganzen erahne,
weicht der Hochmut des falschen Wissensstolzes,
weicht die falsche Demut der unendlichen Resignation.
Und in dem Maße dieses Weichens
weiß ich mich geliebt,
und im Maße dieses Wissens

liebe ich zurück durch den Schleier aller Spiegel,
und ich erblicke in jedem Teil des Vorletzten
dich, das Angesicht des letzten Alls.

Verwandte Texte: Mk 8,36; 1 Tim 6,20

[39] Andere Lesart: aber seiner selbst beraubt wird, der wird des Alls beraubt (R)

68

Jesus sagte:
Glückselig ihr,
wenn man euch hasst und verfolgt.
Dort, wo sie euch verfolgt haben,[40]
werden sie selbst keinen Platz finden.

Glücklich im Unglück

Jesus, was meinst du mit dem Ort,
wo man uns verfolgt?

»Das heilige Land;
die dort jetzt herrschen,
haben dort keine Zukunft.

Den heiligen Frieden;
die ihn suchen und stiften, werden verfolgt werden,
und die Verfolger werden immer friedlos sein.

Das heilige Herz;
wo sie euch innerlich treffen und kränken wollen,
werden sie nie hinrühren können.«

Aber, Jesus, warum sollen wir glücklich sein,
wenn man uns hasst?

»Weil ihr damit die Bestätigung habt,
dass ihr auf der richtigen Seite lebt;
weil ihr gewürdigt seid, mein Leiden mitzuleiden;
weil es eurem wahren Selbst guttut,
wenn es dem eitlen Ich schlecht geht.«

O Jesus, wir sind solchen Glückes noch ungewohnt.
Gib uns deinen Geist, den Tröster,
der im Unglück glücklich macht!

Verwandte Texte: Mt 5,11f; 1 Petr 4,14

[40] Andere Lesarten ergänzen: [in eurem Herzen] (D) / [in dieser Welt] (B) / [in Israel] (N)

69a

Jesus sagte:
Glückselig die,
die im eigenen Herzen
Verfolgung erleiden.
Sie sind es,
die den Vater
in Wahrheit erkannt haben.

Angefochten im Herzen

Jesus, was meinst du mit der Verfolgung im Herzen?

»Die innere Anfechtung
durch die falschen Geister
der Angst und des Stolzes,
der Sorge und der Sucht.
Wer so unter Lug und Trug,
Weh und Wahn gelitten hat,
der ist bewährt und berufen,
zu erkennen und zu erfahren
die Wahrheit und Wirklichkeit
des Vaters allen Seins.«

Verwandte Texte: Mt 5,3 und 10

69b

Glückselig, die hungern,
damit der Bauch
des Bedürftigen gefüllt wird.[41]

Angefochten im Bauch

Jesus, du sprichst vom Bauch der Hungrigen.
Wann und wie wird er gefüllt?

»Wenn der Vater den Umsturz auf Erden gebracht hat
für die, die jetzt ihren Hunger nicht stillen
durch Raub und Gewalt,
sondern durch die Gemeinschaft derer,
die Hunger und Hoffnung miteinander teilen.«

Verwandte Texte: Lk 6,21; Log 58

[41] Andere Lesarten: denn man wird den Magen dessen füllen, der es will (R) / der es wünscht (N)

70

Jesus sagte:
Wenn ihr das verwirklicht, was in euch ist,
wird das, was in euch ist, euch retten.
Wenn ihr es nicht in euch habt,
wird euch das, was ihr nicht habt, töten.

Wenn du das nicht hast, dieses Stirb und Werde ...

Was haben wir denn in uns?
»Eine Erbschaft des Vaters.«
Das wussten wir nicht.
»Ich sage es euch jetzt.«

Worin besteht sie?
»Im Vermögen eines gärenden Sauerteiges.«

Was sollen wir damit tun?
»Lebensbrot backen für euch und eure Habenichtse.«

Und wenn wir das nicht schaffen?
»Dann werdet ihr an eurem ungenutzten Vermögen eingehen,
erst spirituell, dann geistig, dann seelisch, dann körperlich.«

Und wie bekommen wir Zugang
zu unserem innersten Vermögen?
»Indem ihr euch abkehrt von eurem äußerlichen Vermögen,
indem ihr absterbt eurer oberflächlichen Sehnsucht,

indem ihr umkehrt von der Einbildung zum wahren Wissen,
von den Illusionen zu der euch vererbten Gotteskindschaft.«

Da möchte ich sagen: Das ist ja ein Zirkelschluss.
Da sagst du: »Sei ein Zirkelschluss,
dann bist du drin, denn du bist einer!«

Ich verstehe: Verwirkliche, gebäre, was in dir ist,
es wird dich selbst neu gebären und allmählich entfalten.
Wähnst du aber, nichts in dir zum Gebären zu finden,
dann wird dich dieses gefühlte Nichts allmählich vernichten.

Verwandte Texte: Mk 4,25; Log 41

71

Jesus sagte:
Ich werde dieses Haus zerstören,
und niemand wird es wieder aufbauen können.

Revolution, nicht Restauration

Es scheint aber, Jesus, wir können
alles wieder aufbauen:
den Tempel auf dem Zionsberg,
die Frauenkirche in Dresden,
die babylonischen Zwillingstürme in New York.
»Und es bleibt doch alles aufgetürmter Staub.«

Mit Furcht und Zittern danke ich dir, Jesus,
wenn du für immer meinen scheinheiligen Tempel zerstörst
samt allen meinen kleinen Opfern,
die dein Vater nicht verlangt hat.
Zerstöre mein pharisäisches Lehrhaus,
meinen eingebildeten Wissensturm,
mein eitles Gedankenmuseum,
allen modischen Kult, den ich mitmache,
die Suchtgestalt des Haushalts meines Körpers.
Und nach drei Tagen schenke mir Anteil
an der Auferstehung des Tempels deines Leibes.

Verwandte Texte: Mk 14,58; Apg 6,14; Joh 2,19

72

Jemand sagte zu ihm:
Sag meinen Brüdern,
sie sollen die Besitztümer meines Vaters mit mir teilen!
Er antwortete ihm:
Mann! Wer hat mich zum Teiler gemacht?
Dann wandte er sich seinen Jüngern zu
und fragte sie:
Bin ich etwa ein Teiler?

Das Teil und das Heil

Nein, du bist kein Teiler, du bist ein Heiler.
Aber doch war das eben eine Abfuhr,
ein Schock für den Bittsteller,
ein Affront gegen die Gerechtigkeit.

»Wisst ihr nicht, dass ich sein muss
in dem, was meinem Vater gehört?«[42]

Ja, so hast du schon als Zwölfjähriger
zu deinen Eltern gesprochen.

»In den Sachen eures himmlischen Vaters
seid ihr universell und ganz.

In den Sachen eures irdischen Vaters
seid ihr privat und zerteilt.«

Ja, Herr.

»Und habt ihr nicht bei meinem Brotbrechen
für die Fünftausend gelernt: Anteilgeben
an dem Teil, der euch zuteilgeworden ist,
das macht alle satt und ganz?«

Ja, Herr. Jetzt sind wir froh,
dass du kein Teiler bist, sondern ein Vereiner,
kein Wegnehmer, sondern ein Vermehrer,
einer, der alles als Einheit sieht, was wir zerteilt haben:
Mann und Frau, Reich und Arm,
Nord und Süd, West und Ost,
Religion und Religion, Nation und Nation,
Konfession und Konfession,
Partei und Partei, Freund und Feind.
Du lässt dich nicht auf eine Seite ziehen,
du ergreifst ständig aufs Neue Partei,
mal für mich, mal gegen mich,
immer für die jeweils Unterlegenen.
In deiner Liebe erteilst du unserem Ego Abfuhren,
damit wir uns zur Ganzheit entfalten
jenseits von Sympathien und Antipathien
und wir unser ursprüngliches Selbst gewinnen,
das Erbe deines und unseres himmlischen Vaters.

Verwandter Text: Lk 12,13ff

[42] Lk 2,49

73

Jesus sagte:
Die Ernte ist wirklich groß.
Aber Arbeitskräfte sind knapp.
Bittet also den Herrn,
dass er Arbeiter zur Ernte schickt

Probleme einer Endzeit

Es ist wahr, es ist Zeit,
ich bin reif und alt geworden,
aber ich stehe da wie bestellt und nicht abgeholt.
Sende nun deine Sichel, bitte ich dich.
Mach meine Jetztzeit zu meiner Endzeit,
zu meiner Erntezeit!

Und es ist erst recht wahr,
es ist eine Endzeit in der alten Welt,
sie ist reif geworden unter allen Wettern.
Vieles und Großes hast du in die Menschheit gelegt,
und ihr Geist hat sich entfaltet. Aber es verkommt
unter einem ungeschlachten Geschlecht,
wenn jetzt nicht sofort geerntet, gebündelt,
gedroschen und gemahlen wird, wenn nicht sofort das Brot
für die kommende Notzeit gebacken wird.

Schon hast du Arbeiter gesandt,
und die uralte spirituelle Saat der Weisen aller Kulturen,
der Meister und Mystiker, Poetinnen und Prophetinnen,
ist aufgegangen und reif geworden, ja zur Notreife gediehen.
Wir brauchen Lehrer, Eltern, Geistliche, Begleiter;
wir brauchen Zentren, Verlage, Kommunitäten,

Sammelorte, wo einstudiert und eingeübt wird,
nicht was einer für einen Geschmack hat,
sondern was das Volk braucht und versteht
und was die politischen Programme inspiriert
zur Genesung der Völker.

Wir bitten dich, Vater
(denn nur durch Beten werden die Betenden zu Tätern):
Sende und sende nochmals und sende mehr!
Und wenn ich so bitte, spüre ich in mir die Bereitschaft,
mich in meinen späten Jahren
noch einmal senden zu lassen.

Verwandter Text: Mt 9,37f

Er sagte:
Herr, viele stehen um den Brunnen herum.
Aber keiner ist im Brunnen selbst![43]

Vor Gott – in Gott

Deine Klage an Gott
ist eine Frage an mich:
Gehöre auch ich zu den vielen,
die um dich herumstehen,
statt zu denen, die in dich einsteigen?

Einst machte ich es wie die vielen:
Ich stellte den Eimer meiner Seele unter den tropfenden Hahn,
durch den das Lebenswasser aus Fernleitungen kommt,
durch viele Bücher und Weisheitslehrer,
durch lange Predigten und heilige Sakramente.
Und das war gut so.
Aber eines Tages stellte ich den Eimer meiner Seele
in die Quelle selbst, sodass er ständig überquillt
und seine Wasser sich ins Feld verteilen, ich weiß nicht wie.[44]

Ich weiß nicht, ob ich schon wirklich
in den Ursprung gesprungen bin.
Vielleicht darf ich sagen:
Ich ahne den Ursprung, dem ich entspringe.

Zwar hat man mich in den Taufbrunnen geworfen,
aber ich bin noch nicht an seinem Grunde angekommen.
Ich vermute, erst der biologische Tod
wird meinen Tauftod vollenden
und mich in die Tiefe werfen,
wo die Paradiesesströme entspringen.

Einstweilen bitte ich dich, Herr,
gib mir Zugang zu meiner heilvollen Tiefe,
zuvor aber Mut zu meiner heillosen Untiefe,
Kraft zum Loslassen meiner Oberfläche,
Bereitschaft zum Eintauchen in dich selbst,
sodass ich nicht mehr vor dir stehen bleibe,
sondern in dir bin und bleibe.

Verwandte Texte: Mt 22,14; Joh 4,14; 7,38

[43] Andere Lesarten: Herr, viele drängen sich um den Brunnen, aber niemand ist noch an den Brunnen herangetreten. (D) / Viele stehe um den Brunnen herum, aber es ist niemand im Brunnen. (R)

[44] nach Teresa von Ávila

75

Jesus sagte:
Viele stehen an der Türschwelle,
aber nur die Einsgewordenen[45]
werden das Brautgemach betreten.

Brautgemach der Vereinigung

Ein halbes Leben lang stand ich
mit vielen anderen vor der geheimnisvollen Tür
und dachte: Mehr als Davorstehen gibt es in diesem Leben nicht.
Aber dann lernte ich viele Einzelne kennen,
die kamen einzeln von drinnen.
Da überkam mich das Verlangen, ihnen gleich zu werden.
Und schon das Verlangen war wie ein Eintreten.
Ich ahnte, was es ist, ein Einzelner zu sein,
ein Mit-sich-eins-Gewordener, ein Einsamer,
ein Los-und-ledig-Gewordener,
ein Mönch ohne Kloster und ein Vermählter ohne Ehe.
Der Prozess dieses Werdens, dieser Vorgang
– ist schon die Hochzeit.
Und wo anders könnte sie stattfinden
als in der Seele selbst,
nicht im Außen, dort und dann,
sondern im Innen, je und je.
Der Ort ist die dunkle Kammer,
die so klein ist wie das Herz in der Brust
und so weit wie der Himmel des Universums.
Das Allerinnerste ist zugleich das Alleräußerste.
Und der in die Kammer geht, der muss auch
je und je aus der Kammer hinaus,
zurück in die entzweite, unversöhnte Welt,
die du, Jesus, so sehr geliebt und ganz angenommen hast.

Der Geeinte muss zurück
in die blutige Welt der Täter und Opfer,
in die immer selben Konflikte vermeintlicher Gegensätze,
zwischen die Spaltungen
der sowieso illusionären Vorstellungen,
zwischen die Konkurrenz der wahnhaften Wahrheiten,
zu den dogmatischen Einheitsmystikern,
die oft doch nur Egozentriker sind,
zu den Weltbildern der Monisten,
die keine Monasten sind und verkünden:
»Die Welle ist das Meer.«
»Gott ist nichts anderes als die Evolution.«
»Liebe zu Gott ist nur eine kindliche Vorstufe
der überpersönlichen All-Einheit.«
Es geht doch nicht um zeitlose Einheit,
sondern um immer neue Vereinigung.
O Jesus, meine Seele kommt nie darüber hinaus,
dich von Herzen zu lieben, nachdem du sie
so sehr aus deinem göttlichen Herzen geliebt hast.
Ich bin sicher, Gott und die Seele sind nicht eins,
sondern zwei, aber in der Herzkammer
sprechen beide ineinander aus einem Munde:
»Ich liebe dich. Ich danke dir. Ich glaube an dich.
Ich vertraue dir. Ich bewundere dich. Du bist schön.
Dein Wille geschehe. Ich will für dich sterben.«
Das alles sagst du zu mir und zugleich ich zu dir.
Und dann kommt die Stille hinter der Stille hervor,
das Schweigen im Schweigen,
und es ist nur ein Auge, ein Herz,
ein Feuer, ein Lieben.

Verwandte Texte: Mt 25,1ff; Eph 5,31f; Log 104

[45] Andere Lesarten: nur die Einsamen (D) / nur Vereinzelte (B)

76

Jesus sagte:
Das Das Reich des Vaters gleicht einem Kaufmann,
der eine Wagenladung von Waren hatte.
Da fand er eine Perle.
Der Kaufmann war klug:
Er verkaufte die Waren
und kaufte dafür die einzigartige Perle.
Sucht auch ihr den einen Schatz,
der unvergänglich ist und der dort aufbewahrt ist,
wo ihn weder Motten fressen
noch Würmer vernichten können.

Gegenseitiges Suchen und Finden

Jesus, meinst du mit dem Kaufmann das Reich deines Vaters?
Dann ist die eine Perle, für die dein Vater alles drangibt,
meine Seele, die eine Seele der Menschheit.
Dann müsste ich maßlos staunen
und könnte den Wert meiner sterblichen Seele erkennen
an dem ewigen Wert deiner Seele und deines Leibes.

Meinst du aber mit dem Kaufmann
den wachen, klugen Menschen,
dann ist die eine kostbare Perle das Reich deines Vaters.
Dann müsste meine Seele alles drangeben,
um dem Reich deines Vaters anzugehören
und für immer in seinen Besitz überzugehen.

Am Ende meinst du vielleicht beides,
und so wird es wohl sein:
Der Kenner findet die Perle,
die Perle findet ihren Liebhaber,
die Hingabe findet die Hingabe,
es ist ein einziges Finden und Lieben.

Verwandte Texte: Mt 13,45f und 6,19f

Jesus sagte:
Ich bin das Licht,
das alles überstrahlt.
Ich bin das All selbst.
Alles ist aus mir entsprungen[46]
und zu mir zurückgekehrt.
Spaltet das Holz –
und ich bin da.
Hebt den Stein auf –
und ihr werdet mich finden

Du bist das Über-All, das überall zu finden ist

Das sagst du sicher denen, die meinen,
du seiest nur kultisch präsent
in heiligen Schriften und Sakramenten,
deine Allpräsenz aber sei uns unzugänglich.
Wer beim Hausbau Feldsteine aufhebt
oder Baumstämme spaltet, kann entdecken:
Du bist es, der das Haus baut,
ja mehr, du bist die Essenz des Baumaterials,
du bist der Segen des Hauses.

Wer in der Heilkunst Träume deutet,
könnte in der Bedeutung der psychologischen Deutung finden:
dich, den Logos der Psyche.
Wer vor dem Bettler in die Hocke geht und mit ihm spricht,
könnte in den Augen des Bettlers sehen:

dich, den Messias der Armen vor den Toren Jerusalems.
Wer mit dem Kind auf der Straße spielt,
könnte im Kind begegnen:
dir, dem göttlichen Kind in mir.
Wer seiner Sünde sich stellt,
könnte im Grund seiner Sünde finden:
dich, den Freund und Heiland der Sünder.
Wer die Werke der Künstler betrachtet und sammelt,
könnte hinter aller geformten oder verformten Sehnsucht sehen:
dich, den Abglanz der Schönheit.
Und wer zu verantworten wagt, im Reaktor Atome zu spalten,
könnte in der Spaltung schauen:
dich, den segnenden oder vernichtenden Schöpfer.

Du bist das unsichtbare Licht des Lichts,
du bist das All in jedem Stück,
du bist das Über-All, für den Verstand ein Nichts,
für meine Seele: Alles – jeden Augenblick.

Verwandte Texte: Joh 8,12; 1 Kor 8,6; Kol 1,16; Weisheit 7,22ff

[46] Andere Lesart: in mir hat die himmlische Welt ihr Ziel erreicht (B)

78

Jesus sagte:
Warum seid ihr aufs Land[47] hinausgezogen?
Um ein Schilfrohr zu sehen,
das vom Wind geschüttelt wird?
Oder um einen Menschen zu sehen,
der weiche Kleider[48] anhat
wie eure Könige und Herrscher?
Sie haben weiche Kleider an,
aber die Wahrheit begreifen sie nicht.

Setz den Hebel innen an!

Letztlich bringt es nichts,
hinauszugehen auf die Straße
und die Lösung unserer Probleme draußen
auf dem Feld der Welt zu suchen.
Draußen rauscht der Wind der Geschichte
durchs hohle Schilfrohr der Menschheit.
Draußen stellen sich die Modekönige
und die großen Stars der Welt zur Schau
in ihrer glänzenden Wichtignichtigkeit.
Draußen verheißen sie uns die weiche Wohlfühlwelt,
und wir gaffen ihnen nach,
sonnen uns in ihrer Gunst,
glauben an ihre virtuellen Heldentaten –
und verlieren dabei uns selbst im Draußen,
wo doch alle Wirklichkeit und Wahrheit
nur drinnen zu finden sind.

Du selbst, Christus,
bist nicht draußen zu finden
in den Domen und Dogmen,
in uns selbst bist du zu Hause
wie ein Kind, das im Mutterleib heranwächst
und zur rechten Zeit zur Welt kommt.
Drinnen, wo denn sonst, bist Du.
Von ganz innen, von jenseits der Welt,
kommst du ins Diesseits
und nimmst mich mit
bis zum Äußersten.

Verwandter Text: Mt 11,7f
[47] Andere Lesart: aufs öde Feld (D)
[48] Andere Lesart: edle Kleider (R)

Eine Frau aus der Menge sagte zu ihm:
Glückselig der Schoß, der dich geboren hat,
und die Brüste, die dich genährt haben!

Er antwortete ihr:
Glückselig, die das Wort des Vaters gehört
und es wahrhaftig bewahrt haben!
Denn es werden Tage kommen, wo ihr sagen werdet:
Glückselig der Schoß, der nicht empfangen hat,
und die Brüste, die keine Milch gegeben haben!

Fruchtbar im Geist

Auch ich, ein Mensch in der Menge,
ahne, was du uns sagen willst:
Es gibt in unserer Erdzeit
eine Glückseligkeit des Leibes,
der ein Kind empfangen und getragen,
geboren und genährt hat.

Und es gibt in den Wehen unserer Endzeit
eine Glückseligkeit des Leibes,
der mit der Mühseligkeit und Schmerzlichkeit
des Empfangens und Gebärens und Ernährens
nicht geplagt ist, sondern frei ist
für die zweite Glückseligkeit.

Denn es gibt in den Geburtswehen unserer Pfingstzeit
bei Frauen wie bei Männern
eine Glückseligkeit des Geistleibes,
der das göttliche Wort des Vaters
empfängt und bewahrt
und zur rechten Zeit
das Wort und sich selbst
zur Welt bringt.

Denn das ist unsere Glückseligkeit
als Frau oder Mann:
Wenn die Mutter Erde,
die brüstereiche Urmutter,
mit ihren Kindern vergeht,
bleibst du, der unvergängliche Logos,
die ewige Geistin,[49]
und bewahrst uns
und gebierst uns für eine neue Erde.
Ja, glückselig alle,
die im göttlichen Geist fruchtbar sind.

Verwandte Texte: Lk 11,27f; 23,28f; Log 1

[49] *ruach* (= Geist) ist im Hebräischen weiblich

80

Jesus sagte:
Wer die Welt durchschaut hat,[50]
hat den Leib entdeckt.[51]
Wer aber den Leib entdeckt hat,
dessen ist die Welt nicht würdig.

Leichenbeschauer oder Weltbeseeler

Sollen wir dies dein Wort etwa so weiterdenken:
Wer aber den Schöpfer der Welt erkannt hat,
der hat den Geist gefunden,
und wer den Geist gefunden hat,
in dem spiegeln sich beide Welten,
die zeitliche und die ewige Welt
als eine einzige Welt.

Der Wissenschaftler ist dann auch Glaubender,
der Philosoph auch Mystiker, der Heiler auch Heiliger
und der Psychologe auch Liebender – und umgekehrt:
Der Seelsorger ist dann auch Therapeut,
der Weisheitslehrer auch Naturforscher,
der Prophet auch Künstler
und der Gotterfahrene auch Welterfahrener.

Denn dem Einsgewordenen
sind Materie und Geist voll
von Gottes Gottheit.

Der Spalter aber,
der nur die Welt kennt,
kennt die Welt nicht
und ist ihrer Würde nicht würdig.

Verwandte Texte: Mt 24,28; Log 56
[50] Andere Lesart: Wer die Welt erkannt hat, (R)
[51] Andere Lesart: hat nur herausgefunden, dass sie tot ist. (B)

81

Jesus sagte:
Wer reich geworden ist,
soll herrschen.[52]
Und wer die Macht hat,
soll ihr entsagen.[53]

Erste und zweite Lebenshälfte

Jesus, du Meister der geistlichen Psychologie,
die Weisheit deiner Weisung ist lebenswahr und lebenswert.
Du hast sie uns selbst vorgelebt
in deiner starken Aktionszeit
und in deiner starken Passion.

In unserem ersten Leben dürfen wir, sollen wir
stark und reich werden an Wohlstand und Bildung,
an Familienglück und Freundschaftsfreuden,
an Erfolg und Selbstbehauptung,
reich an Konflikterfahrung und Welteinsicht.

Wir brauchen viel Zeit, und du lässt uns viel Zeit,
bis wir uns nicht mehr schamhaft klein halten
durch den Lügengeist der Selbstzweifel und Selbstablehnung,
bis wir die Charismen, mit denen du uns beschenkt hast,
voll in Gebrauch nehmen,
bis wir die Königsqualität voll annehmen,
die der himmlische Vater seinem Ebenbild eingestiftet hat,
bis wir endlich den Platz und den Sitz einnehmen,

auf dem wir Verantwortung übernehmen
und sachdienlich regieren.
So hast du uns mit einer langsamen und gründlichen Initiation
in unsere aktive Lebenshälfte eingeweiht.

Und du gibst uns Zeit für die Initiation
in unsere zweite Lebenshälfte.
Du gibst uns Kraft, unsere Ämter und Ehren loszulassen,
die Grenzen unsrer körperlichen
und geistigen Fähigkeiten anzunehmen,
unser Recht auf Rechthaben preiszugeben,
unsere letzten Ansprüche an das Leben absterben zu lassen,
rechtzeitig unseren Hof zu übergeben,
raschen Tod oder langes Siechtum in gleicher Weise zu bejahen.
Du berufst uns zu Eremiten,
die mit wenigem glücklicher sind als mit vielem,
die wenig wollen und vieles verstehen,
die alles erleiden und alles lieben und alles glauben können.

In dem allen erkennen wir es als unsere Ehre,
in unserem Tun und in unserem Erleiden
dir gleichgestaltet zu werden.

Verwandte Texte: Mk 10,17ff und 42ff; Log 110

[52] Andere Lesart: möge ein [freigebiger] König sein. (D)

[53] Andere Lesart: Wer aber die Herrschaft erlangt hat, der verzichte [auf die Welt]. (D)

82

Jesus sagte:
Wer mir nah ist,
ist dem Feuer nah,
und wer fern von mir ist,
der ist fern vom Königreich.

Am und im Christusfeuer

Einst sah ich dich von ferne,
wie man ein Hirtenfeuer sieht,
so ganz natürlich, ganz alltäglich.
Dann wurd ich aufmerksamer, nahte mich und sah:
Dein Feuer qualmte nicht und rußte nicht,
es hinterließ auch keine Asche.
Solche Reinheit sah ich nie.

Eines Tages geriet ich in die Nacht.
Da suchte ich dich wieder
und ließ mich froh in deiner Nähe nieder.
Du wärmtest mich und gabst mir Licht zum Überleben.
Ich rückte näher, da spürte ich,
dass etwas Hartes in mir schmolz,
aus purem Eis gepanzert und gemauert um mein Herz.

Am Ende fing mein Herz zu brennen an.
Die Purifikation der Reue tat wohlig weh.

Mein Geist fing Feuer und entflammte,
die Zunge züngelte in Lobpreissprachen.
Das Feuer war in mir, es nährte sich
von meinem Egoismus,
ein Riesenvorrat alter Brennmaterie,
doch bliebst du reines Feuer ohne Ruß.
Du selbst warst in mir,
ich selbst aber war noch nicht in dir.

Und als ich dann, ich weiß nicht wie,
in deine Esse kam und selbst glühte,
da war ich reif für deinen überraschend sanften Amboss.
Da wurde altes Eisen geduldig umgeschmiedet
zur neuen Pflugschar deines Ackers,
oder soll ich sagen:
zum Schwert der Geisterunterscheidung?

Und einst, dem Tode nahe, würd ich gerne sagen können:
Gieß, Meister, dich mit deiner heißen Glockenspeise
in meine lehmgeformte falsche Glocke,
zerschlage sie, damit schlussendlich
eine stimmige Person dasteht,
die eine neue, deine neue Zeit einläutet.
Ja, das wäre mein vermessener Wunsch.

Verwandte Texte: Lk 12,49; Mk 9,49; Apg 2,19; 1 Kor 3,13; Log 10

83

Jesus sagte:
Die Bilder offenbaren sich dem Menschen.
Aber das Licht in ihnen ist verborgen im Bild.
Das Licht des Vaters wird sich offenbaren.
Aber sein Bild ist vom Licht verborgen.[54]

Geschaute Bilder des unsichtbaren Bildners

Wenn du mich fragst: Verstehst du das?, muss ich sagen: Nein.
Dann schweige ich. Ich weiß um die Bildlosigkeit Gottes.
Dann taucht aus der Finsternis allmählich
das verborgene Licht alles Geschaffenen auf,
und alles, was ich im Geist sehe,
sind Bilder des großen Bildners,
der sich selbst in ihnen heimlich abgebildet hat:
in Sternen und Sonnen, in Engeln und Menschen,
in Tieren und Pflanzen, in Edelsteinen und Atomkernen.
Ich sehe jede Materie auf ihre je eigene Weise beseelt.
Das ist das verborgene Licht des Vaters.
Ich kann es nicht direkt sehen, aber direkt glauben.

Kein Mensch kann den Bildner selbst sehen;
er würde sofort erblinden und ersterben.

Auch die Gottesbilder, die selbst gemachten, verblassen mir.
Aber die irdischen Bildnisse werden mir plötzlich transparent,
ein jenseitiges Licht leuchtet durch sie
wie durch farbige Fenster oder wie durch geweihte Ikonen.

Doch die Quelle des Lichtes
bleibt uns Sterblichen gnädig verborgen.
Mir genügt eine kleine vorläufige Er-Leuchtung,
die eine Be-Leuchtung ist:

Alles ist ein Abbild des Lichtes des Bildners.
Der Garten wird mir zum Abbild des Paradieses,
und nur wegen des verborgenen Paradieses
gibt es irdische Gärten.

Das Meer wird mir zum Bild der stets bewegten Ewigkeit.
Freund und Freundin lassen mich die Gottesfreundschaft ahnen.
Der große Eros ist ein Schatten der Großmacht der Agape.
Das rollende Rad wird mir zum Bild der Weltgeschichte,
ja zum Bild der göttlichen Allgegenwart.

Das Automobil, ein Bild des selbst bewegten Lebenshauses,
wird mir zum Abbild der absoluten Selbstbewegung Gottes.
Selbst eine Sauna schenkt Geborgenheit wie nur ein Mutterleib,
und jeder Mutterleib ist Zeichen
der Geborgenheit in Gottes Vaterschoß.

Und gar der furchtbare Krieg wird mir zur Anschauung
des Untergangs des kollektiven Ego
und für den harten Neubeginn im wahren Selbst.

Ein böser Mensch erscheint mir als verhexter guter,
und ein erlöster guter Mensch wird mir zum Engel.
In unseren Höllen erscheinst du, auferstandener Christus,
und wandelst sie zum reinigenden Feuer des Purgatoriums.
Und in der schmerzensreichen Läuterung
erscheint das lichte Tor des Paradieses.

Das alles ist mir in der Stunde
der Schwermut und des Zweifels tief verborgen.
Ich bedarf deiner Erleuchtung,
die mir die Außenwelt in den Geheimniszustand versetzt.

Verwandte Texte: Gen 1,26f; 2 Kor 4,4; 1 Kor 15,45ff; 1 Tim 6,16

[54] Andere Lesarten:

Die Bilder sind dem Menschen sichtbar und das Licht ist in ihnen verborgen, verborgen im Licht des Bildes des Vaters. Wenn er [der wahre Mensch] sich aber offenbart, ist umgekehrt sein Bild verborgen durch sein Licht. (D)

Die Menschen können nur die Bilder sehen, aber nicht das Licht [der göttlichen Gegenwart] in ihnen. Das Licht des Vaters wird sich selbst offenbaren. Aber das Licht ist so [hell], dass man sein Bild darin nicht anschauen kann, sodass es verborgen bleibt. (B)

84

Jesus sagte:
Wenn ihr eure Ebenbilder seht,
seid ihr glücklich.
Aber wenn ihr eure
Urbilder seht,
die vor euch da waren,
die weder sterben
noch sich offenbaren,
wie viel müsst ihr
dann ertragen![55]

Wiedervereinigung

Zuerst wissen wir um unsere genetische Zufälligkeit
und Hinfälligkeit.
Das ist manchmal demütigend und schier unerträglich.
Dann offenbaren uns die heiligen Schriften
unsere Gottebenbildlichkeit.
Das ist ein Erdentag voll Freude,
schier unglaublich und ohne jeden falschen Stolz.

Wenn wir aber in deiner Ewigkeit
unser Urbild sehen werden,
uns als reine göttliche Idee im Herzen des Vaters,
und sehen, was wir aus uns gemacht und nicht gemacht haben –
das muss eine schier unerträgliche Scham und Peinlichkeit sein.

Aber nach diesem himmlischen Purgatorium,
dem reinigenden Feuer,

wirst du uns wieder vereinigen mit unserem Engel,
mit unserem himmlisch reinen Doppelgänger,
und wir werden seinen Namen bekommen,
den wir nicht kannten.

Verwandte Texte: Mt 18,10; 1 Kor 13,12

[55] Andere Lesarten:

Wenn ihr euresgleichen seht, freut ihr euch. Wenn ihr aber eure Bilder seht, die vor euch entstanden sind, die weder sterben noch in Erscheinung treten – werdet ihr dieser Fülle gewachsen sein? (D)

Wenn ihr euer Abbild seht, freut ihr euch. Es gibt aber [himmlische Ur-]Bilder von euch, die vor euch entstanden sind. Sie können nicht sterben und werden nicht auf Erden sichtbar. Wenn ihr sie einst seht, dann werdet ihr sie kaum ertragen können [so herrlich sind sie]. (B)

85

Jesus sagte:
Adam ist aus einer großen Kraft
und Fülle hervorgegangen.
Aber er war euer nicht würdig.
Wäre er würdig gewesen,
hätte er den Tod nicht geschmeckt.

Adams Größe

Dir gegenüber, du Menschensohn voll Kraft und Herrlichkeit,
erahne ich die Schönheit meiner adamitischen Lichtgestalt
und spüre Adams großen Auftrag
und Evas großen Wagemut in meinen Wurzeln.
Ich ahne, was mit Unsterblichkeit gemeint ist,
wenn ich im selben Augenblick erschrecke
über meinen geschmacklosen Geschmack am Sündigen.
Da spüre ich die Scham über den Verlust meiner Würde,
die Furchtsamkeit und Nichtigkeit meines Herzens,
die Irrtümer und Grenzen meines Geistes,
die Trägheit und Hinfälligkeit meines Fleisches.

Wer bin ich nun in Wahrheit?
Dieser oder jener?
Wie bin ich beide zugleich?
Was ist meine Einheit?

Seitdem du mich, den Sterblichen,
österlich, ja pfingstlich umarmt hast
wie von gleich zu gleich,
habe ich mit Herzklopfen
in dir meine Ganzheit empfunden.
Vorher war ich teils hell, teils dunkel.
Der Spalt ist erinnerbar,
die Narbe der Verheilung sichtbar.
Meine Würde, dank der Narbe,
eine glücklich beschämte,
obwohl die Narbe jederzeit
aufreißen könnte.
Du gibst meinem würdelosen Adam
wieder Anteil an deiner Kraft
und an deinem Reichtum.

Verwandte Texte: Gen 3,17ff; Röm 5,12ff

86

Jesus sagte:
Füchse haben ihre Höhlen
und Vögel ihre Nester.
Der Menschensohn jedoch hat keinen Ort,
wo er den Kopf hinlegen
und sich ausruhen kann.

Zwischen den Stühlen

Jesus, du Menschensohn, sprichst du nur von dir,
von deinem Erdenort Utopia?
Wanderst du auch heute noch wie damals
heimatlos durchs Heilige Land,
obdachlos durch die Kirchen,
missverstanden durch die Kulturen?
Oder muss es jedem Menschen so ergehen,
der durch dich seine Identität
als neuer Mensch inmitten der alten Welt
gefunden hat?
Mutest du den Deinen
auch deine Heimatlosigkeit zu?

Oder lebst du einfach solidarisch mit den Opfern,
den unfreiwillig Obdachlosen,
den Flüchtlingen und Asylanten?
Wohnst du nur, wo man dich eingeladen hat?

Willst du mich warnen vor dem bürgerlichen Menschen in mir,
der animalisch lebt wie das unbewusste Tier
im geschlossenen System,
der instinktiv sich birgt ins Dunkle, Warme, Angepasste?
Lädst du uns ein, den spirituellen Wanderweg
des Menschen zu gehen, überall ein Fremdling,
zu Haus im Unbehausten, im Offenen und Freien?
Der alles hat, als hätte er nichts?
Du hast uns vorgelebt, dass es dem Menschen möglich ist,
im Vaterhaus des puren Seins zu Haus zu sein
und nicht im Schein von Sicherheiten.
Du hast uns vorgelebt, dass es in Wahrheit menschlich ist,
Wurzeln zu bekommen, die luftig
immer tiefer in den Himmel wachsen,
je mehr wir diese Erde lieben.

So bin ich also beides?
In, mit und unter einem besorgten Vielhaber
ein gelassener Habenichts?
Aus eigenem Idealismus kann dieser Spagat
gewiss nicht gelingen.
Bin ich bereit, mich in deine Einsamkeit zu bergen,
nachdem dir sowieso alles Gut und Geld der Welt gehört?
Bin ich bereit, wenn die Stunde der globalen Versuchung
und Verfolgung mich erreicht?
Sind wir bereit, uns selbst und alles loszulassen,
»jetzt und in der Stunde unseres Todes«?

Verwandter Text: Lk 9,18

Jesus sagte:
Elend der Körper,
der von einem Körper abhängig ist,
und elend die Seele,
die von beiden abhängig ist.

Glanz und Elend der Sexualität

Du Männerfreund,
du Frauenfreund,
du Kinderfreund,
bist du denn Feind dem mächtigen Gott Eros,
dem immer jungen?
Du hast ihn doch samt allen Göttern
in dich aufgenommen und erlöst.
Herrlich ist die körperliche Liebe,
Leib und Seele in Ekstase,
Mann und Frau in der Vereinigung zweier Welten,
ein Liebesvorspiel der Hochzeit von Himmel und Erde,
wenn Gottheit und Menschheit sich vereinen,
wie sie in dir schon vereint sind.

Aber ich weiß ja auch das Elend der Sexualität,
oh, der Egoismus, der Missbrauch,
die Qual der Sucht und Co-Dependenz,
die Entehrung, die Sklaverei, die todbringende Vergattung,
die ganze falsche Scham
und die ganze kulturelle Schamlosigkeit.

Du aber, Jesus, du immer junger,
mächtiger, allerheiligster Eros,
du kommst zu uns auf Freiersfüßen
in das Gefängnis unserer Abhängigkeiten.
Du bist der neue Gott der Freiheitsliebe.
Du bist der Mittler zwischen Mann und Frau,
damit sie sich freien, nicht knechten.
Du holst die Herrlichkeit der Sexualität aus ihrem Elend.
Du feierst deine völlige Hingabe mit,
wenn sich Mann und Frau vereinen.

Verwandte Texte: Mk 9,43; Joh 3,6; Log 29 und 112

88

Jesus sagte:
Die Engel und die Propheten
werden zu euch kommen
und euch geben, was euch zusteht.
Gebt ihr ihnen wiederum das,
was ihr in Händen habt,
und fragt euch:
Wann werden sie ihrerseits kommen,
um das in Empfang zu nehmen,
was ihnen zusteht?

Ein Tauschring

Tatsächlich sind sie auch zu mir gekommen,
die Charismen der Engel in deinen Predigern,
Weisheitslehrern, Sängern und Helfern,
und ich habe sie mit meinen Spenden
und meiner Kirchensteuer gut bezahlt.
Aber sie haben ein Anrecht auf mehr, auf anderes:
dass ich eines Tages auf ihre Botschaft antworte
mit einem tätigen Ja,
dass man eines Tages die Früchte meines Lebens sieht,
dass ich eines Tages selbst
ein Bote der Botschaft und ein Sänger deines Reiches werde,
dass ich nicht nur Geld und Zeit opfere,
sondern mich selbst.

Spätestens am Tage des Gerichts
oder in der Stunde meines Todes
muss sichtbar werden,

dass ich besucht worden bin von Engeln und Propheten,
dass sich mir die unsichtbare Welt gezeigt hat,
dass aus materiellem Leben ewiges Leben geworden ist.

Und ich werde sagen:
Es war dein Gnadenwerk! Dank sei dir!

Und du wirst sagen:
Es war dein Glaubenswerk! Dank sei dir!

Verwandte Texte: Lk 11,49f; 2 Kor 8,3ff

89

Jesus sagte:
Weshalb wascht ihr die Außenseite der Tasse?[56]
Begreift ihr nicht,
dass der, der die Innenseite schuf,
auch die Außenseite gemacht hat?

Außen und Innen sind eins

Ich verstehe:
Menschen erschaffen exoterische Rituale
und esoterische Kulte.
Der Schöpfer aller Dinge aber erschafft dies:
die Einheit des äußeren und inneren Menschen.
Das Göttliche ist nicht nur innen, es ist auch außen.
Das Äußerste entspricht dem Innersten.
Die irdene Schale gibt dem Wein seine Fassung.
Mein Körper ist das fließende Gefäß meiner Seele,
die sichtbare Welt ist durchdrungen von der unsichtbaren Welt,
sodass es nur eine einzige Welt ist,
der Himmel in der Erde, die Erde im Himmel.
Deine Gottheit und deine Menschheit sind eins,
unvermischt und unzertrennt.
Alle innere Frömmigkeit drängt nach außen
in die rechte Säkularisierung,
alle äußerliche Frömmigkeit drängt nach innen
in die rechte Spiritualisierung.

Mystik und Politik sind nur zusammen rein.
Daran will ich denken,
wenn ich mein Geschirr spüle,
meinen Körper wasche
oder wenn ich meine Seele reinige,
meinen Geist entleere.

Verwandte Texte: Mt 23,25; Log 22
[56] Andere Lesart: Schale

Jesus sagte:
Kommt zu mir!
Denn sanft ist mein Joch
und mild meine Herrschaft,
und Ruhe werdet ihr finden für euch!

Jochwechsel

Wie ein Herbergsvater stehst du auf den Straßen
und lädst uns Lastenschlepper
im Vorüberhasten zum Rasten ein.
Wir Wasserträger mit löchrigen Eimern,
wir Yogaschüler mit verbogenen Beinen,
wir Sinn- und Arbeitslose ohne Aussicht
treten in dein Lehrhaus ein,
und die Weisheit nimmt behutsam
uns das Joch der alten Denkvorschriften ab,
die ganze Menschendienerei,
die echten und die falschen Schuldgefühle,
das uralte Drucksystem von Lob und Tadel,
von Zuckerbrot und Peitsche.

Nicht neue Techniken des Meditierens legst du uns auf,
du lehrst uns, unsere strengen Ideale loszulassen.
Dein Yogajoch ist sanft,

doch manche meinen, dass es zu billig sei,
wo doch die Sanftmut immer teuer ist.
Und viele Stolze wollen es lieber hart
und wollen es lieber mit Gewalt,
Erfolg um jeden Preis.

Dein Joch ist Feldarbeit
auf deinem Acker selbstwachsender Saaten.
Die Arbeit ist schon Feier.
Weil du selbst im Joche mit uns ziehst
und das verfluchte Kreuzholz uns
zur Freude einer Jochgenossenschaft verwandelst,
und unter diesem einen Joche werden wir einander gleich
und erkennen uns als Zwillingsseelen
im Joch und in der Ruhe Gottes.

Dies alles sehend sag ich: Ja, ich komme zu dir!
Ich will nie mehr alleine schuften,
ich will im Energiefluss deiner Freundschaft schwimmen,
will weder mich noch andere
zum sogenannten Guten zwingen.
Das Stimmige ist immer leicht.

Verwandte Texte: Mt 11,2ff; Sir 51,25ff; Log 50

Sie sagten zu ihm:
Sag uns, wer du bist,
damit wir an dich glauben können.

Er antwortete:
Ihr untersucht das Antlitz von Himmel und Erde,
aber ihr erkennt den nicht,
der vor euch steht,[57]
und ihr versteht es nicht,
den gegenwärtigen Augenblick
zu würdigen.[58]

Im Augen-Blick erkennen wir alles

Aber wir sind blind für das Hier und Jetzt
vor lauter Blicken ins Dort und Dann.
Du bist zwar auch im Dort und Dann anwesend,
aber nicht für mich jetzt und hier.
In jedem Augenblick stehst du vor mir
und blickst mich liebend an,
während ich mit den Leuten
deine Spuren im Kosmos und auf Erden suche,
geistesabwesend, besetzt von tausend Blickrichtungen,
und so missglückt die Begegnung,
ja ich merke es gar nicht,
dass soeben eine Ver-Gegnung geschah.

Darüber bin ich jetzt traurig,
und in dieser geistlichen Trauer
spüre ich auf mir ruhen
den liebenden Blick deiner Augen,
die allezeit Himmel und Erde durchforschen.
Das bringt mich endlich ganz zu mir selbst
und zu dir selbst zurück.

Verwandte Texte: Joh 8,25; 6,30; Lk 12,54ff

[57] Andere Lesart: das, was vor euch liegt (N)

[58] Andere Lesart: wisst ihr nicht zu prüfen (N)

92

Jesus sagte:
Sucht und ihr werdet finden.
Früher habe ich euch die Dinge nicht gesagt,
nach denen ihr mich gefragt habt.
Jetzt bin ich bereit, sie euch zu sagen,
aber ihr fragt nicht danach.

Die rechte Zeit zum rechten Fragen

Bevor wir das Kreuz erfuhren,
stellten wir naive, ja fordernde Fragen.
Und du schwiegst still.
Denn du bist nicht Schiedsrichter und Ratgeber
in unseren Streitigkeiten.
Und als wir das Kreuz erfuhren,
hörten wir auf mit dem Fragen,
weil wir mit keinen Antworten mehr rechnen wollten.

Aber jetzt, wo dich unsere Fraglosigkeit schmerzt,
jetzt will ich dich fragen:
Was willst du uns heute sagen,
was du uns früher nicht sagen konntest,
weil unser Verstand törichte Wissensfragen gestellt hatte,
wo unser Herz betroffene Existenzfragen hätte stellen sollen,
nicht Fragen nach der Sicherung unseres kleinen Egos,
sondern Fragen nach der Rettung unserer großen Seele.

Was also, frage ich,
willst du uns jetzt sagen?

Und ich frage dich nicht mehr wie ein Schriftgelehrter,
der eine äußere Autorität sucht
zur Bestätigung seiner vorgefassten Meinung,
sondern wie ein Laie, der in seiner inneren Not
sucht nach seiner eigenen Autorität,
nach sich selbst und nach dir selbst.

Und ich horche und horche
und werde immer stiller und höre nichts.
Aber dein Schweigen ist ein anderes
als das von früher.
Dieses beredte Schweigen
ist eine Sprache der ewigen Liebe.
Und da gibt es nichts mehr zu fragen.

Verwandte Texte: Mt 7,7; Joh 16,2–6; Log 2

93

Jesus sagte:
Gebt das Heilige nicht den Hunden,[59]
denn sie könnten es auf den Misthaufen tragen.
Werft keine Perlen vor die Schweine;
sie könnten sie besudeln.[60]

Vom Umgang mit den Mysterien

Von welchen Perlen sprichst du?
Von den Weisheitsperlen deiner mehr als 114 Worte?
Von den sakramentalen Perlen
deiner Taufe, deines Mahles, deiner Absolution?
Von der kostbaren Perle, der unsere Seele gleicht?

»Ja, von dem allen spreche ich.
Die Geheimnisse des Gottesreiches
sind ein einziger Perlenkranz.
Gott und die Seele,
Sakrament und Liebe,
Schönheit und Leiden,
Tod und Auferstehung
sind ein einziges Mysterium.«

Und von welchen Hunden sprichst du?
Sind sie nicht treue Wächter?

»Ich spreche von den Hündischen,
den Zynischen, den Distanzlosen.«

Und von welchen Säuen sprichst du?
Sind sie nicht feinfühlige, kluge, Heilschlamm liebende Wesen?

»Ich spreche von den Menschen mit unreinem Geist,
die alles in den Schmutz ziehen müssen,
solange sie nicht geheilt sind.«

Aber hast du nicht gerade den Kranken und Dämonisierten,
den Betrügern und Huren, den Heiden und Sündern,
den treulosen Jüngern deine Zuwendung geschenkt?

»Ja. Aber die Umkehrverweigerer, die Reuelosen,
die Lauen speie ich aus meinem Munde.«

Hat nicht gerade »die heilige christliche Kirche«
stets das Heilige missbraucht?
Die Machtkirche, die Staatskirche,
die Amtskirche, die Inquisitionskirche,
die imperialistische Missionskirche?

»Ja. Aber ich habe sie als ihr Gefangener
erleiden und ertragen wollen.
Ihr aber seid frei! Feiert also
das heilige Mahl im versiegelten Raum!
Achtet auf die Türen, die Türen!«

Also wollen wir die Perlenkette
weder verschleudern noch verschließen,
wir wollen sie verschenken
an die bedürftig und würdig Gewordenen.

Wir wollen sie den Missbrauchten,
die sich unrein fühlen, um den Hals hängen.
Wir wollen uns nicht goldene Kreuze um die Hälse hängen.

»Ja. Aber vergesst nicht:
Wie den Unreinen alles unrein wird,
so wird den Reinen alles rein.«

Verwandte Texte: Mt 7,6; Didache 9,5
[59] Andere Lesart: gebt den Hunden nicht, was rein ist (R)
[60] Andere Lesart: in den Schmutz treten. (D)

94

Jesus sagte:
Wer sucht, wird finden,
und wer anklopft,
dem wird geöffnet werden.

Ein Schatz will entdeckt werden

Immer und immer wieder
geht es dir ums Suchen und Finden,
denn du hast dich uns entzogen,
damit wir dich nicht einfach in unsere Systeme vereinnahmen,
sondern uns in deine Freiheit nehmen lassen.

Immer und immer wieder geht es dir ums Anklopfen,
denn du hast dich in die Kammer
der göttlichen Verborgenheit eingeschlossen,
damit wir dich nicht mir nichts, dir nichts verallgemeinern,
sondern erst selbst durch sehnsüchtiges Klopfen
zu Geöffneten werden.

Wir verstehen deinen Verehrer Mohammed,
der die Gottesstimme vernahm:
»Ich war ein Schatz und wollte entdeckt werden.
Da schuf ich die Welt.«

Verwandter Text: Mt 7,8

95

Jesus sagte:
Wenn ihr Geld habt,
verleiht es nicht auf Zins.
Gebt es lieber dem,
der es nicht zurückzahlen wird.

Rechnung mit Berechnung ist Rechnung ohne den Wirt

Mit deinen Augen gesehen ist es offenbar so:
Geben gibt es nicht, denn Geben ist zugleich Nehmen.
Und Nehmen gibt es nicht, denn Nehmen ist zugleich Geben.
Jede reine Beziehung ist ein einziges seliges Tauschen.

Aber mit unseren Augen gesehen,
den ängstlichen, gierigen, geizigen, sparsamen, illusionären,
ist es offenkundig so:
Geben muss Lohn und Profit bei sich haben,
sonst ist es sinnlos, ja verlustreich.
Es ist unser gutes Recht,
zumindest eine Leihgebühr zu erheben,
denn in der Leihfrist entstehen Teuerungen und Risiken.
Es ist auch unser gutes Recht,
mehr als diesen Leihzins zu verlangen,
denn wir wollen nicht nur Besitzstandswahrung,
sondern Geldvermehrung.

Wir wollen nicht nur Tauschhandel
mit dem praktischen Tauschmittel Geld,
wir wollen Geld als Ware erwerben,
wir wollen alles zu Geld machen,

Boden und Wasser, Wälder und Erze,
billige Menschenarbeit und teure Leichenorgane.
Und so wächst der Krebs von Zins und Zinseszins,
und so schrumpfen Natur und Kultur,
Gesundheit und Bildung, Treu und Glauben.
Die Armut der einen wird größer,
weil der Reichtum der anderen größer wird.
Die unsichtbare Hand des Gottes Mammon
herrscht auf dem Markt,
dort schwingt er seinen Zauberstab, den Zins,
als Zuckerbrot und Peitsche.

Der Gott des Lebens aber ist gütig, barmherzig,
großzügig über Gute und Böse,
unberechenbar lebendig und voller Überraschungen,
berechenbar treu denen, die ihm trauen,
unberechenbar frei denen, die ihm trotzen,
berechenbar tödlich denen, die am System des Todes profitieren,
irrational den Rationalisten und rational den Irrationalisten.
Es wäre zum Lachen und Weinen,
wenn am Ende die ganze Welt des Mammons
an sich selbst zugrunde gegangen wäre
und der gute Hirt und Wirt des Lebens
hätte die ganze Zeche für uns alle längst bezahlt.

Verwandte Texte: Ex 22,24; Lk 6,30ff

96

Jesus sagte:
Das Königreich des Vaters
gleicht einer Frau.
Sie nahm ein wenig Sauerteig
und mischte ihn in den Brotteig.
Dann machte sie daraus große Brotlaibe.
Wer Ohren hat zu hören, der höre!

Die Großmacht des Kleinen

Ich höre dies:
Das Himmelreich gleicht einem irdischen Haushalt.
Der himmlische Vater gleicht einer Hausmutter.
Das bisschen Sauerteig gleicht der Großmacht der Liebe.
Verborgen arbeitet sie in der Teigschüssel der Welt.
Aus geringer Gärung entstehen die großen Brote des Lebens.
Wir selbst werden durchgeknetet und umgestaltet
von kosmisch-mütterlichen Händen.
Die irdische Welt hat begonnen,
sich ins ewige Reich zu verwandeln.
Mein Innenohr hört den lautlosen Gärprozess der Dehnung,
die unaufhaltsame Durchdringung von Himmel und Erde.

Verwandter Text: Mt 13,33

97

Jesus sagte:
Das Königreich des Vaters gleicht einer Frau,
die einen vollen Mehlkrug auf dem Kopf trug
und eine lange Strecke zurücklegte.
Der Henkel des Kruges brach.[61]
Durch den Riss rieselte das Mehl hinter ihr auf den Weg.
Sie wusste das nicht, weil sie den Vorfall nicht bemerkt hatte.[62]
Als sie zuhause den Krug abstellte,
bemerkte sie, dass er leer war.

Erweckung der vollen Bewusstheit

Meister,
du erschreckst und erweckst mich mit diesem Gleichnis.
Ich verstehe sofort:
Die Frau – das ist Anima, meine Seele.
Der Krug auf dem Kopf – das ist Spiritus,
mein irdenes Fassungsvermögen.
Das Mehl – das ist Spiritus Sanctus,
meine geistliche Seelennahrung.
Der weite Weg – das ist meine lange Entwicklung.
Der Henkelgriff – das ist mein An-Griffs-Punkt
und zugleich mein Schwachpunkt.
Der Bruch, der Riss – das ist mein unbemerktes Leck,
meine ungeheilte Wunde,
meine nicht wahr- oder nicht ernstgenommene Krise.

Die Unaufmerksamkeit – das ist meine Geistesabwesenheit,
meine Verdrängungskunst, mein geistloser Alltagstrott.
Ich sehe nicht die stille langsame Katastrophe,
ich merke nicht meinen Kraftverlust,
meine geistliche Substanzabnahme.
Ich schaue nicht nach, was ist los mit mir.
Ich täusche mich über mich selbst,
ich ändere nichts, ich schlafe weiter.
Ich sehne mich nach nichts,
weil ich meinen Leerlauf nicht spüre.
Ich bereue nichts, weil ich mich nicht kenne.

Ich wache erst auf, wenn ich ausgelaufen oder ausgebrannt bin.
Ich erschrecke über meine Leere, meinen eingebildeten Besitz.
Jetzt erst beginnt meine Umkehr, mein zweites Leben.
Oder ist es zu spät dazu?

Aber du hast doch gesagt: Selig, die geistlich arm sind,
gerade ihnen gehört das Gottesreich?
Ich laufe hungrigen und bangen Herzens zurück zur Mühle.
Siehe, der Mahlmeister füllt mir einen neuen Topf, umsonst!
Beim zweiten Gang nach Hause ist meine Seele wie verwandelt:
hellwach, bewusst, gesammelt, versiegelt.
Ich bin bei mir selbst und bei dir selbst zu Hause.
Nach jener innersten Leere nun diese Fülle des Königreiches!

Verwandter Text: Mt 25,8

[61] Andere Lesart: [sodass eine kleine Öffnung entstand.] (D)
[62] Andere Lesart: wusste nichts von ihrem Missgeschick. (B)

98

Jesus sagte:
Das Königreich des Vaters gleicht einem Mann,
der einen Mächtigen töten wollte.
Zu Hause zückte er das Schwert
und durchstieß die Mauer,
um herauszufinden,
ob seine Hand sicher genug ist.[63]
Dann tötete er den Mächtigen.

Exerzitium des spirituellen Krieges

Herr, Jesus, es gefällt mir,
dass du das Kommen des Reiches
mit einem Attentat auf die Mächte der Welt vergleichst.
Ich erkenne dich selbst im Bilde des Tyrannenmörders,
der seine Befreiungstat erst lange einübt,
bevor er sie blitzschnell ausübt.
Denn »der altböse Feind« ist gerüstet
mit »groß' Macht und viel List«.
Aber ein treffsicheres »Wörtlein kann ihn fällen«.

Und so will auch ich den Kampf
gegen die Macht des Negativen
erst in meiner Innenwelt einüben,
bevor ich ihn in meiner Außenwelt ausübe.
Du hast mir das Schwert
der Unterscheidung der Geister gegeben.
Lange ruhte es unbenutzt in der Scheide.

Jetzt nehme ich es prüfend in die Hand.
Ich renne nicht gleich nach draußen,
wo die Welt voller Teufel ist.
Ich trainiere zu Hause, unterscheide meine eigenen Geister,
lerne, die guten von den unguten,
die lügnerischen von den wahrhaftigen zu scheiden,
die geistliche Trauer vom depressiven Weltschmerz zu befreien,
den Platz der symbiotischen Liebe
mit der bedingungslosen Liebe zu besetzen,
die falsche Demut in echte Demut zu verwandeln,
den falschen Stolz in echten Stolz,
die Resignation der Weisheit
aus der resignativen Zynik zu destillieren,
die Hoffnung von den illusionären Geistern zu reinigen,
kurz – all die aufgeblasenen Terrormächte in mir
aufzuspüren und mit grimmigem Humor zu liquidieren.
Schonungslos will ich in meinen vier Innenwänden
die Ungeister bekämpfen.
Ich versuche, mein Schwert durch die eigene Wand zu stoßen.
Ich darf Fehler machen und Niederlagen einstecken.
Dein Heiliger Geist ist ein geduldiger Schwertlehrer.
Du gibst mir viel Zeit.
Und schon ist die Zeit da, mich auch draußen zu bewähren
mit treffsicheren Stößen.

Verwandte Texte: Lk 14,31; Mk 3,27

[63] Andere Lesart: stark genug (D)

99

Die Jünger sagten zu ihm:
Deine Brüder und deine Mutter stehen draußen.
Er sagte zu ihnen:
Diese hier,[64]
die den Willen meines Vaters tun,
sind meine Brüder und meine Mutter.
Sie sind es,
die in das Königreich meines Vaters
eingehen werden.

Das Ende des Matri-/Patri-Archats

Immer dann, wenn meine Familie kontrolliert,
wenn sie sich sorgt, wenn sie übergriffig wird,
wenn sie mich klein hält und mich schonen will,
wenn sie eifersüchtig ist –
ja, dann hasse ich sie von ganzem Herzen.

Ich glaube, meine Seele war mit dir auf der Hochzeit zu Kana
und hat gut gehört, wie du leise zu deiner Mutter gesagt hast:
»Frau, was habe ich mit dir zu schaffen?«

Wer nicht zurückweist die Vormünder,
kann nicht Freier sein.
Wer sich nicht trennt, kann sich nicht vermählen,
wer nicht in sich geeint ist, ist gemeinschaftsunfähig.

Du bist mein Befreier, du machst mich hochzeitlich.
Du lässt mich eintreten in die klassenlose Gemeinschaft
der mit dir Ebengebürtigen.
Der Wille der Menschen ist nicht der Wille des Himmels,
den du uns zur Mutter gemacht hast,
als du zärtlich sprachst: Mein Abba.
Oftmals ist es unmöglich,
irdische Väter und Mütter, Brüder und Schwestern zu lieben.
Aber alle geben ihr Bestes,
und auch wenn dieses nicht ausreicht,
können und sollen wir Vater und Mutter ehren,
wie es die Himmelsstimme vom Heiligen Berg verlangt,
welche nicht verlangt, sie zu lieben,
und auch nicht verlangt zu gehorchen,
denn Lieben und Gehorchen ist oftmals unmöglich.
Ehren aber ist immer möglich und nötig.
So will ich ihnen dienen aus Dank
und mit ihnen kommunizieren aus Respekt,
denn sie gaben mir unwillkürlich oder willkürlich
irdisches Leben, das der Wille des Vaters
in ewiges Leben verwandelt.

Verwandter Text: Mk 3,31ff

[64] Andere Lesart: Diejenigen (R)

100

Sie zeigten Jesus ein Goldstück
und sagten:
Die Leute des römischen Kaisers
verlangen Steuern von uns.
Er sagte:
Gebt dem Kaiser, was dem Kaiser gehört,
und gebt Gott, was Gott gehört!
Mir aber gebt, was mir gehört!

Dreifache Verbindlichkeit

Mit drei Sätzen ordnest du unser ganzes Leben.
In der politischen Welt müssen wir bezahlen
für das, was wir empfangen.
Und Preise und Steuern sind niemals gerecht.
Wir müssen leben zwischen Widerstand und Ergebung,
zwischen Vaterlandsliebe und Tyrannenmord.

In der Welt der Religionen müssen wir mitspielen
mit den kultischen Traditionen und göttlichen Gesetzen.
Es ist gut, den Feiertag zu halten,
die Priester zu ertragen,
die Eltern zu ehren,
der Schöpfung Ehrfurcht zu zollen,
das Eigentum des Nachbarn zu wahren
und den Preis für Tabuverletzungen zu zahlen.

In der spirituellen Welt aber gibt es kein Muss,
außer dem freien Muss der Gegenliebe,
dem mystischen Echo der Freundschaft mit dir,
wenn die Täler und Höhen der Seele zurückwerfen,
was sie von dir vernommen haben,
Hingabe für Hingabe,
Blick der Augen auf deinen Augenblick,
Vertrauenserklärung auf Vertrauenserklärung,
Freude über Freude,
Amen auf Amen.

Verwandter Text: Mk 12,13–17

101

Jesus sagte:
Wer seinen Vater
und seine Mutter nicht so hasst,
wie ich es tue,
kann nicht mein Jünger werden.
Und wer seinen Vater
und seine Mutter nicht so liebt,[65]
wie ich es tue,
kann nicht mein Jünger werden.
Denn meine (irdische) Mutter
[gebar mich für den Tod],[66]
aber meine wahre Mutter
hatte mir das Leben geschenkt.

Geheiligtes Hassen und Lieben

Hinter meinem leiblichen Vater
meinen himmlischen Vater sehen können,
ohne ein irdisches Bild an den Himmel zu projizieren!
Hinter meiner leiblichen Mutter
eine himmlische Mutter erahnen,
ohne dem Kult der großen Göttin zu dienen!
Das geht nur durch das Wunder der Wiedergeburt.
Und die Wiedergeburt ist ein Werk der Heiligen Geistin,
eine Schöpfung der göttlichen Ruach,
der Hagia Sophia, der himmlischen Sapientia.

Seit meiner Taufgeburt
bin ich nicht mehr pur Kind meiner Eltern.

Als Kind Gottes liebe ich sie nicht mehr
und hasse ich sie nicht mehr,
sie sind mir transparent geworden
für die Zeugung und Geburt meiner Seele im Himmel.
Nähe und Distanz zu ihnen wird von oben her gewirkt.
Ich liebe und hasse nicht mehr seelisch mit der Psyche,
sondern pneumatisch mit dem Geist.
Das lernt man nur an deinem irdischen Beispiel,
wie du, Jesus, einst mit deiner beredten Mutter
und mit deinem stummen Vater umgegangen bist.
Man lernt es in deiner Nachfolgeschule.
Und gut dran ist der Mensch, der an seinen Eltern sehen kann,
wie gut sie das einst mit ihren Eltern gemacht haben
dank einer geerbten Weisheit.

Verwandte Texte: Lk 14,26; Log 55 und 99

[65] Andere Lesart: seinen [himmlischen] Vater und seine [himmlische] Mutter (B)

[66] Andere Lesart: [ist von der vergänglichen Welt] (D), die Ergänzungen an der Stelle der eckigen Klammern sind hier ein Ersatz für verlorengegangene Worte im koptischen Text.

102

Jesus sagte:
Wehe den Pharisäern!
Sie gleichen einem Hund,
der im Futtertrog der Rinder liegt.
Er frisst selbst nicht,
aber er lässt auch die Rinder nicht fressen.

Sich selbst Behindernde behindern andere

Ich unterstelle mich deinem sarkastischen Wehruf.
Ich kenne den Pharisäer in mir,
der den Platz besetzt, der frei bleiben sollte.
Ich kenne den klugen Besserwisser auf meinem Belehrstuhl,
den feinen Hochmut des scharfsinnigen Kritikers,
dessen liebloser Pfeil ins Schwarze trifft und die Mitte verletzt,
den Wissensbesitzer, der mit seinem Wissen herrscht
statt ernährt,
der andere bloßstellt mit dem Satz: Was, das weißt du nicht?,
den perfekten Theologen,
der seine Wahrheit für sich gepachtet hat,
den heiligen Amtsträger,
der mit seinem inflationären Selbstbewusstsein
den Zugang zum Heiligen versperrt,
den Moralisten, der das Geschäft des Verklägers betreibt,
den Geistlichen, der seinen spirituellen Hunger nicht spürt
und der Gemeinde keine geistliche Nahrung gibt,

ja, ich kenne ihn in seiner feinsten und vornehmsten Gestalt,
und jedes Mal, wenn ich seine Deplatzierung erkannt habe,
schleicht er sich aus meinem Kopf.
Aber der Hund lümmelt schon am nächsten Tag
wieder auf dem alten Platz herum.
Wehe mir und meinesgleichen!
Mein Ego behindert mein Selbst,
und so behindere ich die Meinen,
mein Kopf unterdrückt mein Herz,
und so unterdrücke ich die Liebe,
ich und meinesgleichen hindern das Volk an seinem,
an deinem heiligen Mahl.
Ich will mich aufmachen und mich über mich erbarmen,
über diesen elenden Sünder im Ehrengewand des Gerechten.
Der heilende Zauberstab deines Wehrufs enthext mich,
ich gebe mich frei – und hervor tritt
ein gebeugter, ein verstehender
und das heißt: ein verzeihender Mensch,
der weiß, wie wenig er weiß.

Verwandter Text: Mt 23,13

103

Jesus sagte:
Glückselig, wer weiß,
wann in der Nacht die Einbrecher kommen.
Dann kann er aufstehen,
seine Kräfte sammeln[67]
und sich die Lenden gürten,
bevor sie angreifen.

Eine Wache an der Toren der Sinnlichkeit

Gut ausgestattet ist das Haus meines Leibes,
ich liebe die Fenster meiner Augen,
die Türen meiner Ohren,
das Öffnen und Schließen meines Mundes,
das Tasten meiner Finger,
die Offenheit meines Geschmacks,
meines Magens und Mögens,
meines Geschlechts.
Ich mag das Haus meines Lebens.

Aber es ist ungeschützt.
Die Nacht der Weltzeit ist voller Gesindel.
Schlau und brutal, verkappt und blitzschnell,
scheinheilig oder obszön überfallen mich
dunkle Mächte am helllichten Tag.

Was heißt überfallen?
Sie sind unbemerkt und wie meinesgleichen
hereingekommen wie in ihr Eigentum,
und während ich mit ihnen verhandle,
räumen sie mich heimlich aus.

Aber ich kenne inzwischen meine Schwachstelle,
ich bin gerüstet, ich habe eine Engelwache bestellt,
der Schutzgeist ist gekommen, bei Tag und bei Nacht,
sogar im Tiefschlaf.
Tief in mir betet es wie eine Atmung,
ohne Sprache, ohne Stimme.
Und wenn ich dennoch hereingefallen bin
und überfallen worden bin und hingefallen bin,
so kann ich doch sofort wieder aufstehen,
und der Spuk ist vorbei.
Ich muss nicht Opfer bleiben und mich bedauern.
Ich werde wieder Herr im Haus.

Verwandter Text: Mt 24,43
[67] Andere Lesart: seine Knechte (D)

104

Sie sagten zu ihm:
Komm, lass uns heute beten und fasten.

Jesus sagte:
Welche Sünde habe ich denn begangen[68]
oder wovon bin ich besiegt worden?[69]
Aber wenn der Bräutigam das Brautgemach verlassen hat,
dann ist es Zeit, zu fasten und zu beten![70]

Drinnen und draußen

Gebettet in die Einheit und Ganzheit,
umarmt im Glück der Vermählung und Versöhnung –
das ist keine Zeit fürs Fasten, das ist jenseits des Betens.
Ganz innen ist nur ein Lieben und Geliebtwerden.

Aber draußen, in der Gespaltenheit des Lebens,
da ist Kampf, da muss gefastet und gebetet werden,
bis uns der reißende Wolf gehorcht wie ein Hofhund.

Hinein ins Gemach und wieder hinaus und wieder hinein,
im Innersten bleiben und zugleich im Äußersten sein,
dies Unmögliche ist möglich dem,
der statt viel zu beten nur glaubt
und statt viel zu fasten viel liebt.

Verwandter Text: Mk 2,19f

[68] Andere Lesart: [deretwegen wir fasten müssten] (D)

[69] Andere Lesart: [dass wir beten müssten?] (D)

[70] Andere Lesart: da soll niemand fasten und beten. (D)

105

Jesus sagte:
Wer den wahren Vater
und die wahre Mutter kennt,
kann man den Hurensohn nennen?[71]

Vom doppelten Ursprung des Menschen

Ob ich meinen Erzeuger kenne oder nicht,
ob ich ehelich oder unehelich geboren bin,
ob ich gute oder problematische Eltern gehabt habe –
meine wahre Identität finde ich
in meinem himmlischen Ursprung.
Das lerne ich von dir, Jesus,
von Maria unehelich empfangen,
von Moralisten verdächtigt.
Was soll's? Entscheidend ist es,
den himmlischen Vater zu kennen,
den erbarmenden Abba der All-Liebe oder,
was dasselbe ist: die himmlische Mutter,
die heilige Geist-Ruach der All-Weisheit.

Aber was sind Namen, was sind Begriffe?
Kann ich kennen, was alle Welt »Gott« nennt?
Was erkenne ich, wenn ich mit deinen Worten bete:
»Unser Vater im Himmel ...«?
Meine Seele ist voller Bilder,
der Himmel eine Projektionswand.

Dahinter aber weiß ich den Schimmer
eines bildlosen Angesichts,
kein Vater, keine Mutter, kein Übermensch,
aber ich spüre im Dunkeln eine Urbeziehung,
ein großes Es, das mir vorübergehend
zu einem deutlichen Du wird, das mich vorübergehend
zu einem deutlichen Ich macht,
sodass Ich und Du vorübergehend verschmelzen,
Liebe und Gegenliebe sich vertauschen,
ein Angekommensein im kaum geahnten Ursprung,
ein wortfreies Sprachgeschehen,
Sprache meiner geistlichen Väter und Mütter,
Glossolalie, unbekannte Muttersprache des Herzensgrundes,
innige Worte der Weisheit, der Liebe, der Tröstung,
sprachlose Einkehr in ein vergessenes Zuhause,
wortlose Umarmung.

Oder ein einziger Ruf im Echo des Universums: JA!
Und wenn der alles verdächtigende Verstand erwacht
und mich warnt vor der Selbsttäuschung
der gespiegelten Selbstliebe,
dann eile ich zu dir, verdächtigter Jesus;
in dir bin ich kein Hurensohn
und meine Vernunft keine Hure.
NEIN!

Verwandte Texte: Mk 6,3; Joh 8,41f

[71] Andere Lesart:

Wer den [wahren] Vater und die [wahre] Mutter kennt, wird [von der Welt] »Sohn der Hure« genannt [weil er seine irdischen Eltern verleugnet]. (B)

106

Jesus sagte:
Wenn ihr aus dem,
was entzweit ist,
eins macht,
werdet ihr Menschen werden.[72]
Wenn ihr (dann) zu dem Berg sagt:
Geh weg!,
dann wird er sich wegbewegen.

Die Menschheit bildet sich zum Mandala

Aus eins mach zwei! Ein Leichtes für den Spaltgeist.
Aus zwei mach eins! Ein Wunder deines Geistes.
Der Staatsmann, der von dir gelernt hat:
versöhnen statt spalten,
ist ein Menschensohn, der Frieden schafft.[73]
Der Machthaber, der vom römischen Imperium gelernt hat:
divide et impera, herrsche durch Spalten,
ist ein Wolfssohn, der Krieg bringt.[74]

Jesus, du stellst die Schüler und Schülerinnen
vor die Problemberge der Menschheit:
zwei Religionen, zwei Klassen, zwei Rassen,
zwei Geschlechter, zwei Generationen.
Unmöglich, zu sagen: Hebt euch hinweg,
ihr uralten Riesenprobleme!

Aber es ist möglich, alles als sich ergänzende Teile
eines einzigen kosmischen Mandala zu verstehen;
in dessen Mitte glaube ich dich selbst
als geeinten Gottmenschen wohnend
und alles sammelnd, alles zentrierend.

Das kann ich nur soweit sehen,
soweit ich meinen eigenen
spalterischen Egoismus erkannt habe
und mit mir selbst, meinen Gegnern,
meinem Schicksal versöhnt bin.
Und das lerne ich bei dir.
Und so erkenne ich mich selbst
als ein Puzzle-Stück der Menschheit,
die im Grunde ein einziger kosmischer Mensch ist,
ein sich entwickelndes, heimholendes,
alles einbeziehendes Mandala,
in dessen Mitte ein Kreuz
mit deinen ausgestreckten Armen
wirkt.

Verwandte Texte: Mt 17,20; Eph 2,14; Log 48

[72] Andere Lesarten: Söhne des Menschen (D) / Menschensöhne (B)

[73] Johannes Rau, ehemaliger deutscher Bundespräsident

[74] Paul Wolfowitz, US-amerikanischer »Vater des Irak-Krieges«

107

Jesus sagte:
Das Königreich gleicht einem Hirten,
der hundert Schafe hatte.
Das größte von ihnen verirrte sich.[75]
Da verließ er die neunundneunzig
und suchte das eine,
bis er es gefunden hatte.
Nach all dieser Mühe[76]
sagte er zu dem Schaf:
Dich liebe ich mehr als die neunundneunzig!

Selbstverlust und Neugewinn

Das Eine, das Große, das Größte in mir,
das habe ich verloren.
Es ist mir in der Wirrnis der Welt entschwunden.
Übrig geblieben sind die vielen kleinen Ego-Teile,
die einander widersprechen,
miteinander konkurrieren,
die Psyche spalten.

Bis in mir der Hirte auftaucht,
der das Eine, Große, Ganze in mir auffindet,
die göttliche Königsqualität,
die alles sammelt und vereint,
verbindet und versöhnt,
regiert und integriert.

Der du so tief in mich herabgestiegen bist,
als du dich auf den Weg in die Welt gemacht hast,
dir bringt das alles Mühe und Arbeit.
Ich sehe, wie groß deine Geduld,
wie stark deine Liebe ist.
So glaube ich an dich
auch als den Hirten der Seele meines ungeeinten Volkes
und als den Hirten der Seele deiner viel zerteilten Kirche.

Ich beklage nicht mehr
die Abwesenheit der großen Leittiere,
denen ich folgen könnte.
Ich beklage nicht mehr
das Ausbleiben der guten Könige oder guten Präsidenten;
des guten Reformators, des guten Papstes.
Wo sind sie, die unsere unregierbare Welt
sammeln und führen könnten?
Es gab sie nie. Es wird sie nie geben.
Und das ist gut so. Denn sonst
würden wir nicht nach dem Königreich
des einzig wahren Hirten schauen,
der im Untergrund schon am Wirken ist
und ohne den die Menschheit
in ihrer Paranoia schon versunken wäre.

Verwandte Texte: Mt 18,12f; Lk 15,4–6
[75] Andere Lesart: verschwand (R)
[76] Andere Lesart: Nach dieser Prüfung (R)

108

Jesus sagte:
Wer von meinem Mund trinkt,
wird sein wie ich,
und ich werde wie er selbst sein,[77]
und was verborgen ist,
das wird sich ihm offenbaren.

Nicht Bruderschaft – Zwillingsschaft trinken

Man hatte mir viele Fremdgetränke eingeflößt.
Da wurde ich ein Süchtiger
und zugleich ein Überdrüssiger,
mir selbst eine Fremder.
Als ich die Infiltrierung verweigerte,
kam ich langsam zu mir selbst.
Jetzt aber, unter deinen Worten,
möchte ich nochmals ein anderer werden,
einer wie du.

Ich häng an deinem Mund,
ich trinke Wort für Wort,
ohne Sprache, ohne Trinkgefäß.
Mein Durst wird gelöscht
und im Löschen zugleich größer.
Für Momente geht dein Ich über in meines
und meines in deines.
Mir bringt's das Leben, dir bringt's den Tod.

Wir sind zusammen ein Tod und eine Auferstehung.
Da ist kein isoliertes Ich mehr da.
Es ist aufgehoben im Wir, im All.
Das Verborgenste zeigt sich:
dass ich, dass wir alle in dir unseren Ursprung haben,
dessen Wasser springt von Ewigkeit zu Zeit
und von Zeit zu Ewigkeit.

Verwandte Texte: Joh 4,14; 7,37; 10,30; 14,20
[77] Andere Lesart: und ich selbst werde er werden, (D)

109

Jesus sagte:
Das Königreich gleicht einem Menschen,
in dessen Acker ein Schatz versteckt war,
von dem er nichts wusste.
Als er starb, vererbte er den Acker seinem Sohn.
Der Sohn wusste auch nichts,
nahm den Acker und verkaufte ihn.
Der neue Besitzer kam, pflügte
und fand den Schatz.
Dann begann er,
Geld gegen Zins zu verleihen,
an wen er wollte.

Unbewusste Weitergabe

Jesus, wenn du deinen Mund auftust,
erkenne ich mich als Nichtwissenden,
und in dieser Erkenntnis ahne ich manches.

O wir Nichtwissenden,
die wir um unseren Schatz nicht wissen,
wir Unbewussten,
die wir die Oberflächen hin und her beackern,
wir Unentwickelten,
die wir den Schritt ins Tiefe und Weite nicht wagen,
wir Ahnungslosen,
die wir über Generationen hinweg
heilige Gene ungebraucht weitergeben,

wir Traditionalisten,
die wir unsere wahre Tradition vergessen haben,
wie sind wir dennoch von der Allwissenheit
erwartet, gesucht, geliebt,
und wir wussten es nicht!

Und plötzlich ist die Stunde da,
und wir entdecken, was wir unbewusst wussten,
und wir ergreifen unser himmlisches Potenzial,
und wir schalten und walten damit
in großer Freiheit und Freigiebigkeit,
und es vermehrt sich von selbst –
und plötzlich ist es wieder verspielt, versunken, vergessen.
Aber es bleibt, es bleibt. Es ist nicht verloren,
weder in der Tiefe der Seele noch in der Tiefe der Geschichte,
es kommt, es kommt wieder zum Vorschein
auf immer höherer Ebene, in immer reinerer Gestalt
dank der gründlichen geschichtlichen Gottesgeduld.

Verwandter Text: Mt 13,44

Jesus sagte:
Wer die Welt gefunden hat
und reich geworden ist,
der soll der Welt entsagen.

110

Welt-Entbindung

Ja, ich habe sie gefunden, ich habe sie genossen,
ich habe sie auch erlitten, diese reiche Welt.
Ich bin in ihr reich geworden
und habe mir ihre kulturellen Werte angeeignet
und dabei auch ihre materiellen Ressourcen verschwendet.
Ich habe mich vorgefunden in einem wunderbar geschenkten,
aber sterblichen Körper,
in einer bewegten, aber behinderten Psyche,
in einem schöpferischen, aber eitlen Geist.

Ja, ich will ihr entsagen,
dieser schönen, schillernden, faszinierenden, traurigen,
gewaltigen, gewalttätigen, lustvollen,
angstvollen, liebenswerten, leidvollen Welt.

Ja, ich kann ihr jetzt entsagen,
jetzt, in der Mitte meines Lebens,
jetzt, in der Neige meines Lebens,
jetzt, in jedem neuen Augenblick,
nachdem ich dich in dieser Welt vorgefunden habe
und ich mich dir zugesagt habe
dank der Wirkkraft deiner Werbung.

Ja, ich liebe noch Weib und Kind,
Haus und Hof, Geld und Gut,
Wälder und Bücher.
Vieles habe ich nicht mehr,
vielleicht weil du, mir vorauslaufend,
Gebrauch gemacht hast
von meiner allzu späten Entsagung.
Vieles habe ich noch,
auch nach der Entsagung.
Aber ich habe es anders als vorher.
Das Viele hat mich nicht mehr,
ich habe es nur noch so, als hätte ich es nicht.
Und so habe ich es in Distanz und Transparenz,
noch schuldig und schon unschuldig.
Ich gebrauche es noch,
aber eigentlich brauche ich es nicht mehr.
Meine Entsagung ist mehr dein als mein Befreiungswerk.
Danke, du Lebendiger, danke
für die Entbindung meiner zweiten Geburt.

Verwandte Texte: Mk 8,36; 10,21; Log 81

111

Jesus sagte:
Himmel und Erde werden
sich aufrollen vor euren Augen.[78]
Und der Lebendige,
der aus dem Lebendigen[79]
hervorgegangen ist,
wird weder Tod noch Furcht kennen.
Denn Jesus sagt:
Wer sich selbst findet,
dessen ist die Welt nicht würdig.

Die große Wandlung

Bist also auch du ein Apokalyptiker, der einen Gott verkündet,
der Galaxien gebiert und Spiralnebel frisst?
Bist auch du ein mythologischer Endzeitspekulant,
ein moralistischer Unheilsprophet,
der den kosmischen Weltuntergang
für die Gegenwart ankündigt?
Der das große Abräumen ansagt
und das furchtbare Platzmachen
für das Aufrollen neuer Baupläne?
Du bist offenbar mehr als ein esoterischer Weisheitslehrer,
aber auch mehr als ein exoterischer Dogmatiker
und als ein fundamentalistischer Apokalyptiker.
Du denkst in kosmischen
ebenso wie in innerseelischen Dimensionen.

Du lässt uns im Geist erschrocken sehen,
wie Erde und Himmel sich uns aufrollen.

Was außen geschieht,
will innen geschehen.
Und was innen geschieht,
muss vielleicht außen nicht mehr geschehen.

Wir kindischen Zeitgenossen aber
wollen gesichertes Außen.
Wir wollen nicht mehr an den göttlichen Zorn glauben.
Wir würden noch in einer Endzeit
eine Glücksreligion erstreben,
eine Wohlfühlkirche,
eine billige Gnade ohne Kreuz,
eine Liebe ohne Leid,
eine Lust ohne Ehrfurcht,
gemütliches Dämmerlicht ohne heilige Finsternis.

Und so erscheint uns diese Welt als untergangsresistent.

Wenn dies alles vergeht, morgen oder jetzt,
wenn der süchtige Mensch sich und seine Welt zerstört hat,
weil der göttliche Zorn ihn sich selbst
und seinem Tun überlassen hat –
dann tritt der neue Adam nackt und nüchtern aus uns hervor,
der Lebendige selbst aus dem Selbst des Lebendigen.
Er wird im geistlichen Tod die Todesfurcht
und im biologischen Tod den Tod selbst nicht schmecken.

Die Katastrophen[80] werden ihm,
wie der Wortlaut sagt,
zu Verwandlungen,
und ihre Schrecklichkeit wird ihre Schrecken verlieren
angesichts der kosmischen Schönheit der kommenden Welt,
derer wir Todgeweihten urplötzlich gewürdigt sind.

Und das alles, sagst du,
wird vor unseren Augen geschehen.
Ja, jetzt üben wir es ein in jedem Atemzyklus von Aus und Ein,
von Alt und Neu, von Lassen und Empfangen.

Verwandte Texte: Mk 13,24f; Log 56 und 80

[78] Andere Lesart: in eurer Gegenwart (D)

[79] Andere Lesart: dem lebendigen Gott (B)

[80] kata-strophe = (griech.) Um-Wendung

112

Jesus sagte:
Wehe dem Fleisch,
das von der Seele abhängig ist!
Wehe der Seele,
die von dem Fleisch abhängig ist!

Versöhnung von Leib und Seele

Elend dran bin ich,
wenn meine körperliche Befindlichkeit diktiert wird
von meinen psychischen Affekten,
wenn mein Körper erkrankt
unter der Tyrannis meiner Emotionen.
Elend dran ist der vom Seelischen überflutete
psychische Mensch.
Elend dran bin ich,
wenn meine seelische Befindlichkeit diktiert wird
von meinem körperlichen Wohl und Wehe,
wenn meine Psyche gekränkt ist
wegen der Erkrankung meines Leibes.
Elend dran ist
der von seinen triebhaften Ansprüchen getriebene
physische Mensch.
Gut dran bin ich,
wenn der Geist Wohnung genommen hat
in meinem herrschsüchtigen Fleisch
und in meiner herrschsüchtigen Seele,

wenn er die verfeindeten Mächte von Leib und Seele
friedlich vereint hat
durch die Balance der höheren Vernunft;
Gut dran ist
der vom göttlichen Atem erfüllte spirituelle Mensch.

Verwandte Texte: Log 26 und 87

113

Seine Jünger fragten ihn:
Wann wird das Königreich kommen?

Jesus sagte:
Wenn man es erwartet,
wird es nicht kommen.
Man wird nicht sagen können:
Seht, hier ist es!
Oder: Seht, das ist der Augenblick!
Denn das Königreich Gottes
ist schon ausgebreitet über die Erde,
aber die Menschen sehen es nicht.

Ich bin's

Das von allen ersehnte Friedensreich auf Erden –
von vielen Christen schon nicht mehr erwartet,
von vielen Sozialisten schon nicht mehr geglaubt –
wo, was, wie und wann ist es?
Wir sollen es uns offenbar nicht im Jenseits vorstellen,
nicht in irdischer Zukunft, nicht in der Sternenwelt
und auch nicht in den frommen Herzen,
sondern jetzt und hier global ausgebreitet über die Erde,
diesem dicht bewohnten Planeten.

Aber wir sind blind dafür.
Wir sehen nur globale Kriege.
Dein Reich ist verborgen,
es ist kein politisches System wie eine Staatskirche
oder ein islamischer Gottesstaat

oder wie die missionarische Demokratie
des frommen Killerpräsidenten Bush,
keine religiöse Institution wie etwa der Vatikan,
keine religiös-sozialistische Volksbewegung
wie die des Thomas Müntzer,
keine enthusiastische Pfingstbewegung reicher Geschäftsleute,
kein innerseelisches High-Gefühl, wie es Drogen vermitteln,
kein Urlaubs- und kein Steuerparadies.

Was aber ist es dann, das Gottesreich auf Erden?
Ich höre dich lächelnd sagen:
»Ich bin's. Ich in eurer Mitte.«
Da erinnere ich mich, was von dir bezeugt wird:
Du bist erschienen als Mensch unter Menschen,
du bist mit Vorliebe erschienen
an den Orten der Verzweiflung und Verdammnis.

Und als was können wir dich erkennen?
»Als die grund- und grenzenlose Liebe.«

Da erinnere ich mich wieder,
was schon meine Väter und Mütter wussten:
Die bedingungslose Liebe ist der Friede mitten im Krieg,
die Hefe mitten im Teig, die Rose im Schnee,
die Umarmung auf dem Friedhof, die Stille in der Hektik,
die höchste und letzte Energie im Universum.
Ohne sie hätte nichts Bestand.
So wäre also auch ich
ein potenzielles Miniteilchen des Himmelreiches auf Erden?
»So ist es. Du bist es.«

Verwandte Texte: Lk 17,20f; Log 3 und 51

114

Simon Petrus sagte zu ihnen:
Maria soll aus unserer Mitte weichen,[81]
denn Frauen sind des Lebens nicht würdig!

Jesus sagte:
Seht, ich selbst werde sie nehmen
und männlich machen,
damit auch sie ein lebendiger Geist wird,
vergleichbar euch Männern.[82]
Denn jede Frau,
die sich männlich macht,[83]
wird in das Königreich gelangen.[84]

Aufhebung des Dualismus von Mann und Frau

Und so höre ich Maria Magdalena zu dir sagen,
nachdem du Petrus, dem Bischof der Männerkirche,
widersprochen hast:
»Danke, mein Meister, mein Freund und mein Gott,
dass du mich befreit hast
aus meiner Entwürdigung durch die Männer,
durch die patriarchalen Religionsführer,
durch die Dämonien, die in meinen
von sieben Männern geschlagenen Wunden hausten.
Männlich will ich nicht werden, aber ich danke dir,
dass du mich ebenbürtig machst den Männern,
dass du mir eine neue Bedeutung in ihrer Mitte schenkst,
dass du mir von deinem starken Animus in die Seele gibst.

So gib doch nun auch in die Seele des Petrus
von deiner starken Anima,
dass sich Mut und Anmut in jedem von uns vermählen,
auf dass nun jeder Mann und jede Frau
ein ganzer Mensch werde,
ein geeinter, ein versöhnter,
ein autonomer, ein Gottesmensch.

Ich danke dir, dass du mich, eine Erniedrigte,
dir selbst ebenbürtig machst,
da du, Lebendiger, mit mir
schon jetzt den Geist des Lebens teilst,
sodass nun Braut und Bräutigam des Himmelreiches
irdisch in Erscheinung treten.«

Verwandte Texte: Lk 8,2; Joh 20; Log 22 und 61

[81] Andere Lesart: soll uns verlassen (D) / soll verschwinden (R)

[82] Andere Lesart: euch Männern gleich (R)

[83] Andere Lesart: die männlich wird (R)

[84] (N) hat hier ergänzt: Das Evangelium nach Thomas

Dies soll das Ende des »Evangeliums nach Thomas« sein?
Gerade dieses? Zufall oder Absicht? Rückfall oder Fortschritt?

Vielleicht doch der Gipfel jedes Evangeliums:
Frohe Botschaft von der Menschwerdung des Menschen,
von der Einswerdung und Ganzwerdung des Menschen
im Rahmen der Evolution des Himmels und der Erde.

Literaturverzeichnis

Berger, Klaus: Das Neue Testament und die frühchristlichen Schriften, Frankfurt 1999, S. 645–670.

Bonhoeffer, Dietrich: Werke, Bd. 6: Ethik, Gütersloh 2. Aufl. 2006.

Buber, Martin: Die Erzählungen der Chassidim, Zürich 1996.

Dietzfelbinger, Konrad: Apokryphe Evangelien aus Nag Hammadi, Andechs 1989, S. 174–219.

Green, Michael: Die verbotenen Bücher, Wuppertal 2007.

Nordsieck, Reinhard: Das Thomas-Evangelium, Neukirchen-Vluyn 2. Aufl. 2004.

Pageis, Elaine: Das Geheimnis des fünften Evangeliums, München 3. Aufl. 2005.

Robinson, James M.: Jesus und die Suche nach dem ursprünglichen Evangelium, Göttingen 2007.

Ruysbeck, Erik van und Marcel Messing: Das Thomasevangelium – Seine östliche Spiritualität, Düsseldorf 1993.

Sloterdijk, Peter: Gottes Eifer: Vom Kampf der drei Monotheismen, Frankfurt 2007.

Thiering, Barbara: Jesus von Qumran. Sein Leben – neu geschrieben, Gütersloh 1993.